KATHLEEN GENO
RHODE ISLAND COLLEGE

Claves de una
novelística existencial
(en *Rayuela* de Cortázar)

COLECCION PLAZA MAYOR SCHOLAR

PLAYOR, S. A.   MADRID

P
M

© 1973, Kathleen Genover
Depósito Legal: M.—16444 - 1973
I S B N : 84 - 359 - 0075 - 4
Colección PLAZA MAYOR SCHOLAR
PLAYOR, S. A.
Apartado 50.869 - MADRID
PRINTED IN SPAIN
Impreso en España

PLAYOR, S. A. - Mar Menor, 16 - MADRID - 33

A Robert y Roy, mis hijos,
a mis alumnos, y
a los lectores de *Rayuela*.

INDICE

Segunda parte

INTRODUCCION

Era una idea muy generalizada hace más de dos décadas atrás pensar en el existencialismo como el movimiento originado en Francia bajo el impacto de la literatura sensacionalista de posguerra. Ese movimiento, que con el membrete de existencialismo era objeto de culto, especialmente en París por parte de la juventud, se caracterizaba por ciertas formas externas como el estilo del peinado y del vestir y cierta peculiaridad en el modo nihilístico de pensar y en la actitud literaria de los escritores. [1] Esta condición bohemia, exagerada por la excitación de la belicosidad trágica del momento y animada por la tendencia intelectualista incitante de los franceses, dio en el escándalo con el término «existencialismo». Tanto es así que no tardando mucho, el movimiento fue juzgado como sensacionalismo, «o mero 'psicologismo', una actitud literaria, desesperación de

---

[1] Willian Barrett, *Irrational Man. A Study in Existential Philosophy* (New York: Doubleday and Company, Inc., 1958), pág. 7 [Citado en lo sucesivo como Barrett, *Irrational Man*].

posguerra, nihilismo, o Dios sabe qué más»[2]. El existencialismo y sus temas fueron considerados como sólo ruido y desorden y prontamente el movimiento murió.

Pero el verdadero existencialismo no es esa inquietud espasmódica que termina al desaparecer el estado emocional y caótico del período de posguerra, sino que como dice William Barrett es «un gran movimiento del pensamiento humano que yace directamente en la corriente principal de la historia moderna»[3]. Esto es: el acompasado y fecundísimo movimiento creativo, filosófico y literario (visible también en las artes), que se ha venido gestando por más de siglo y medio (Hegel, Kierkergaard, Gogol, Hölderlin, Dostoevsky, Nietzsche, Tolstoi, Rilke, Buber, Unamuno, Machado, Kafka, Ortega, Heidegger, Jaspers, Barth, Sartre, Marcel, Camus,...) y que había existido ya, potencial y virtualmente como tendencia en el pasado mediato y aun en el muy antiguo (Sócrates y los presocráticos, Job, Salomón, Jesucristo, San Agustín, Pascal,...). Los temas de la vida, que reflejan la preocupación del hombre existencial y que apenas han sido tocados por la filosofía tradicional y analítica, son referidos en aquella literatura fenomenológicamente a la experiencia misma de la criatura humana; es decir, en frase husserleana, «a las cosas mismas» (Zu den Sachen Selbst!). No es extraño el que así haya sido; pues el más prestigioso antecedente de la cultura occidental, la tradición helénica, ya había experimentado los asomos de la sensibilidad existencialista. Para los griegos, el blanco de las ideas debía ser una visión del hombre y del cosmos; los filósofos debían ser videntes, poetas, pensadores.[4]

La genuina corriente existencialista, pues, continúa

---

2 Barrett, *Irrational Man*, pág. 8. [La traducción es nuestra].
3 Barrett, *Irrational Man*, pág. 16.
4 Barrett, *Irrational Man*, pág. 4.

fluyendo. Su fluir alcanza el siglo veinte, hasta el momento actual, en que el pensamiento existencialista irrumpe en las ideas y se hace sentir en todos los órdenes de la vida, invadiendo tanto los impresos periodísticos como las conversaciones y manifestándose profusamente en la literatura y en el arte. El hombre contemporáneo alcanza así el momento crucial de su experiencia interior que venía formándose y evolucionando desde antiguo, desde siempre, en eso que es atemporal: la conciencia, y al fin, se encuentra consigo mismo para preguntarse: ¿qué es el hombre?, ¿de dónde vengo?, ¿a dónde voy? Estos son fundamentalmente los grandes interrogantes que borbotean en todo lo que piensa y siente y hace el hombre contemporáneo. De aquí que tal inquietud, tal desasosiego del hombre por encontrarse a sí mismo y entender su problema existencial haya traído la literatura a dar una importancia máxima al género novelístico, por lo mismo que es la novela la que refleja más de cerca la vida del hombre. «No es, pues, nada extraño», dice Guillermo de Torre, refiriéndose al existencialismo, «que en la literatura de las últimas décadas lo novelesco problemático haya sido ineluctablemente el género donde vinieran a manifestarse las obras más representativas»[5]. Es la novela existencial la que nos acerca al hombre, la que nos adentra en su conciencia, la que nos pone en contacto con su vida, la que nos da la verdadera historia de la persona, la que señala las realidades impenetrables de los problemas de la criatura humana.

La novela *Rayuela*[6], de Julio Cortázar, cuyo existen-

---

[5] Guillermo de Torre, *Historia de las literaturas de vanguardia* (Madrid: Ediciones Guadarrama, 1965), pág. 661. [Citado en lo sucesivo como Torre, *Vanguardia*].

[6] Julio Cortázar, *Rayuela*, 7.ª edición (Buenos Aires: Editorial Sudamericana, 1968). Todas las referencias se hacen a esta edición y son mencionadas en lo sucesivo por el capítulo y la página.

cialismo nos proponemos estudiar, es un fuerte testimonio de lo que acabamos de decir y de citar. Creemos que la novela *Rayuela* es la obra que representa más altamente la corriente existencialista del momento, por ser la que nos revela más a lo vivo la condición problemática del hombre actual y la desintegración y frustración del mundo. También porque traduce más exactamente el nuevo existencialismo, y por nuevo entendemos no sólo el existencialismo que se ha libertado del «absurdo trágico» de posguerra, sino el que se abre en todos sentidos para cada persona ofreciéndole distintas perspectivas, y con ello, la perspectiva de una búsqueda esperanzada de algo que ha de ayudarla a resolver su problema existencial. Por eso y por muchas cosas más que veremos en el curso de este trabajo *Rayuela* es una novela abierta, inagotable, un verdadero universo. Su estructura es complicada y su organización es compleja, ello como reflejo de esta época. Su lenguaje es rompiente, como una ola que se hace añicos contra una roca: desde la palabra hasta los hábitos lingüísticos, convenciones literarias y categorías y fórmulas conceptuales; una prosa en movimiento, como el oleaje en un mar huracanado. Eso es el lenguaje de *Rayuela*.

Por consiguiente, lo primero que hacemos para llegar a tener un correcto entendimiento del libro es presentar como primer capítulo de la primera parte de este trabajo, en una a manera de introducción, la Estructura, la Organización, el Simbolismo, el Comienzo y el Punto de vista de la novela. A este capítulo introductorio sigue un segundo capítulo que trata del lenguaje como problema de expresión de lo existencial. Al final del mismo nos referimos al estilo lingüístico de la novela, dando los ejemplos pertinentes.

La segunda parte de este estudio trata de los temas

existencialistas de la novela *Rayuela:* el Absurdo, la Inautenticidad, la Incomunicación, la Soledad, la Angustia, el Amor, la Muerte, la Búsqueda y la Trascendencia. Si algún otro tema existencialista hay, no creemos que ocurra suficientemente como para justificar su referencia. En cuanto al tema existencialista del Tiempo, sólo se da eventualmente; en *Rayuela* no se noveliza el tiempo.

También, al final, hemos agregado un capítulo sobre las imágenes en *Rayuela,* por considerarlas como el recurso estilístico más excelente empleado por el autor, no sólo para ayudar a salvar el problema del lenguaje sino también para traducir el sentido existencialista de la novela. Además creemos que el correcto entendimiento de *Rayuela* nos viene a través del estilo combinado del lenguaje y de los símbolos. Con alguna excepción, estos símbolos están todos dados en el espacio. El impacto de la carga emocional y sensual se dirige mayormente a lo espacial metafísico. Ese impacto exige a menudo un medio de expresión fuera de lo común; pues la comunicación por los medios habituales se rompe y no se alcanza a eso otro que está más allá de la palabra misma. A veces puede que ese medio de expresión que se busca exija una metamorfosis o una mutación de las palabras o toda una creación de vocablos nuevos. Otras veces puede que se recurra a las imágenes, sobre todo a la sinestesia, que por su cualidad subjetiva está a tono con el subjetivismo existencialista de la novela.

En cuanto a las fuentes usadas para el análisis de la novela, nos han sido muy provechosos los estudios hechos por la escritora argentina Ana María Barrenechea, uno de los críticos que se han compenetrado mejor de las complejidades de la estructura y del estilo de la novela *Rayuela* y de la obra cortazareana en general. Sus pensamientos, en muchos respectos, echaron las

bases de este trabajo. También hemos recibido sugerencias valiosas de los trabajos de otros críticos, tales como
los del novelista mejicano Carlos Fuentes, y los del escritor uruguayo Mario Benedetti, quien se refiere al empleo
del habla argentino por Cortázar, como que «el lenguaje
del mundo se incorpora a su ser a través de ese oído»
argentino.[7] Nos ha sido útil también el ensayo de Néstor
García Canclini, quien enfoca la obra cortazareana como
siendo predominantemente poética, opinión que compar-
timos enteramente. Canclini nos dice: «Lo poético no
está dado en él por la forma exterior del lenguaje, sino
por el carácter de la intención y las imágenes que la
revelan. ...Más allá de caducas distinciones entre contenido y forma, su obra se erige como *una experiencia
poética de lo humano*»[8], declaración esta última que
subrayamos por ser aplicable a la sensibilidad existencialista de la novela *Rayuela*.

Sería larga la lista si continuáramos mencionando
todas las buenas contribuciones que hemos recibido de
los críticos de la novela *Rayuela*. Sin embargo, aún nos
queda por referirnos a las declaraciones directas de Julio
Cortázar, las cuales nos han llegado mayormente por
medio del reportaje. Entre los que han entrevistado a
Julio Cortázar mencionaremos a: Luis Mario Schneider
(1963), Rubén Bareiro Saguier (1964), Luis Harss (enero,
1967), Margarita García Flores (marzo, 1967) y Alicia
D'Amico y Sara Facio (junio, 1967).

Con el aporte de todos estos críticos dimos comienzo
al estudio extenso y profundo que hemos tratado de

---

[7] Mario Benedetti, «Julio Cortázar, un escritor para lectores
cómplices», *Letras del continente mestizo* (Montevideo, 1967), página 73.

[8] Néstor García Canclini, *Cortázar, una antropología poética*
(Buenos Aires, 1968), pág. 19.

hacer del existencialismo de la novela *Rayuela*. No obstante, debemos hacer la salvedad que en *Rayuela* muy pocas cosas, si alguna, pueden tratarse exhaustivamente, debido a su múltiple y complejo perspectivismo.

PRIMERA PARTE

I. ESTRUCTURA, ORGANIZACION, SIMBOLISMO, COMIENZO Y PUNTO DE VISTA DE LA NOVELA RAYUELA

Julio Cortázar escribe la novela *Rayuela* siguiendo un patrón arbitrario, ese que emplea el escritor Morelli, personaje de ficción de *Rayuela*, para escribir su propia novela. Se trata aquí de la técnica literaria muy conocida de crear una novela dentro de otra. Por medio del escritor Morelli, Cortázar presenta sus propias ideas literarias. Son, pues, las teorías estéticas del escritor ficticio Morelli, en su representación de la fórmula Morelli-Cortázar, que marcan el punto de partida para el análisis estructural de *Rayuela* y ofrecen un acercamiento provechoso a las motivaciones literarias de la obra. De hecho, lo que Morelli escribe en ficción es lo que Cortázar escribe en la realidad: la novela que ha de sustentar el experimento literario que se propone, pues *Rayuela* es una novela experimental.

ESTRUCTURA

Estructuralmente, *Rayuela* es un libro que contiene
una novela, y que ofrece a la vez al lector la posibilidad
de crear la novela de su invención, la verdadera *Rayuela*,
que el autor desea escribir en una cooperación de lector-
autor, siguiendo las remisiones sugeridas por el mismo
autor en un tablero clase para los capítulos «prescindibles». De este modo el lector coopera con el autor en el
quehacer de la creación de la obra pasando a la categoría
de lector-autor. Del mismo modo

> Morelli pensaba que ... debía poner al lector en condiciones
> de aventurarse, de participar casi en el destino de sus per-
> sonajes. Lo que él iba sabiendo de ellos por vía imaginativa,
> se concretaba inmediatamente en acción sin ningún artificio
> destinado a integrarlo en lo ya escrito o por escribir. Los
> puentes entre una y otra instancia de esas vidas tan vagas
> y poco caracterizadas, debería presumirlos o inventarlos
> el lector, desde la manera de peinarse, si Morelli no la
> mencionaba, hasta las razones de una conducta o una incon-
> ducta, si parecía insólita o excéntrica (109: 532-533). [La
> nota bibliográfica de *Rayuela* está dada en la pág. 4].

Lo que el autor trata de hacer es suministrar informaciones ajenas a la anécdota y a la acción principal, a fin de
que el lector no «hembra» visualice el mundo de la ficción y el mundo de la realidad, y salte a su vista que hay
algo escondido que el debe encontrar en la obra. Hay en
esta técnica vestigios de la influencia de la escritura automática de los superrealistas, pero en forma consciente,
no subconsciente como en la de aquéllos. En unas notas
de Morelli leemos:

Parecería que la novela usual malogra la búsqueda al limitar al lector a su ámbito, más definido cuanto mejor sea el novelista. ... Intentar en cambio un texto que no agarre al lector, pero que lo vuelva obligadamente cómplice al murmurarle, por debajo del desarrollo convencional, otros rumbos más esotéricos (79:452).

Me pregunto si alguna vez conseguiré hacer sentir que el verdadero y único personaje que me interesa es el lector, en la medida en que algo de lo que escribo debería contribuir a mutarlo, a desplazarlo, a extrañarlo, a enajenarlo (97:497-498).

A su vez, Cortázar declara:

La renovación técnica no obedece allí [en *Rayuela*] a una búsqueda de originalidad, sino que tiene un propósito agresivo con respecto al lector de novelas. Yo creo que un escritor que merezca este nombre debe hacer todo lo que esté a su alcance para favorecer una 'mutación' del lector, luchar contra la pasividad del asimilador de novelas y cuentos, cntra esa tendencia a preferir productos premasticados. La renovación formal de la novela ... debe apuntar a la creación de un lector tan activo y batallador como el novelista mismo, de un lector que le haga frente cuando sea necesario, que colabore en la tarea de estar cada vez más tremendamente vivo y descontento y maravillado y de cara al sol. ... La necesidad de quebrar hábitos mentales de una sociedad habituada a la gran novela psicológica, y quebrarlos de la manera más agresiva, ácida y hasta maligna imaginable. Más que libros, están haciendo lectores.[1]

En una nota complementaria de Morelli dice así:

Situación del lector. En general todo novelista espera de su lector que lo comprenda, participando de su propia experiencia, o que recoja un determinado mensaje y lo encarne. El novelista romántico quiere ser comprendido

---

1 Luis Mario Schneider, «Julio Cortázar», *Revista de la Universidad de México*, Vol. XVII, núm. 9 (mayo, 1963), 24 y 25. [Citado en lo sucesivo Schneider, «Cortázar»].

por sí mismo o a través de sus héroes; el novelista clásico
quiere enseñar, dejar una huella en el camino de la historia. Posibilidad tercera: la de hacer del lector un cómplice,
un camarada de camino. Simultaneizarlo, puesto que la
lectura abolirá el tiempo del lector y lo trasladará al del
autor (79:453).

De acuerdo a este criterio sugerido por el autor para
crear la verdadera novela (la antinovela-novela) ésta debe
sobrepasar la ficción, ofreciendo un sistema abierto reve-
lador tanto de la realidad exterior del mundo y del hombre como de la realidad interior, especialmente la de la
creación artística en la cual el lector «podría llegar a ser
copartícipe y copadeciente de la experiencia por la que
pasa el novelista, en el mismo momento y en la misma
forma» *(Ibíd.).* Como lo expresa Morelli:

> Intentar el 'roman comique' en el sentido de que un texto
> alcance a insinuar otros valores y colabore así en esa an-
> tropofonía que seguimos creyendo posible. ... Método: la
> ironía, la autocrítica incesante, la incongruencia, la imagi-
> nación al servicio de nadie. ... Una narrativa que no
> sea pretexto para la transmisión de un mensaje (no hay
> mensaje, hay mensajeros y eso es el mensaje, así como el
> amor es el que ama). ... Algo así como una arcilla signi-
> ficativa, un comienzo de modelado, con huellas de algo
> que quizá sea colectivo, humano y no individual. Mejor,
> le da como una fachada, con puertas y ventanas detrás
> de las cuales se está operando un misterio que el lector
> cómplice deberá buscar (79:452-454).

La estructura de *Rayuela,* la que sugiere un procedimiento especial para leer el libro, yendo y viniendo de
los capítulos «prescindibles» a la narración continuada
de la anécdota (plan que está sugerido por Morelli, en
la ficción, para leer su novela) fue causa de escándalo

cuando apareció *Rayuela*.[2] Dijo Morelli: «Mi libro se puede leer como a uno le dé la gana... Lo más que hago es ponerlo como a mí me gustaría releerlo. Y en el peor de los casos, si se equivocan a lo mejor queda perfecto (154:627)». Corresponde aquí el comentario de Ana María Barrenechea:

> Hay quienes se molestan por el trastorno tipográfico que obliga a saltar los capítulos y a leerlos en un orden diverso del de la impresión (con la posibilidad de elegir dos o más órdenes de lectura), por la interpolación de textos extraños a la historia narrada ..., por los juegos con el lenguaje. ... Cortázar no adopta esta conducta narrativa sólo por asombrar al lector ingenuo o por estar con el último grito de la moda literaria. ... Dentro de un cosmos estético que quiere «ser caos», la organización del relato y la invención idiomática cumplen una función y se justifican en el dibujo total; por eso sospecho que a Cortázar no debe importarle mucho que lo acusen de snobismo o de manejar «novedades envejecidas»[3].

No obstante, cuando la novela fue leída con la conciencia literaria de ver su doble intención, guiados más que nada por las teorías estéticas del personaje de ficción Morelli, escondido detrás de la fórmula Morelli-Cortázar, reconocieron los que calificaron a su autor de «snobista», que ese doble diseño de la novela, si bien declaraba dos tipos de lectores, revelaba también dos maneras de interpretar el mundo. En el primer caso, el que declara dos tipos de lectores, el primer diseño está referido a la novela-novela que se lee en forma corrida desde el capítulo 1.º al 56. La narración está adaptada, con algu-

2 Ana María Barrenechea, «La estructura de *Rayuela*, de Julio Cortázar», *Litterae Hispanae et Lusitanae* (Munich, 1968), 74. [Citado en lo sucesivo como Barrenechea, «Estructura»].

3 Ana María Barrenechea, «*Rayuela*, una búsqueda a partir de cero», *Sur*, núm. 288 (mayo-junio, 1964), 71. [Citado en lo sucesivo como Barrenechea, «Búsqueda»].

nas reservas, a la mentalidad del lector común, al «lector-hembra». La trama sigue más o menos una dirección rectilínea del tipo de la novela tradicional. Es la modalidad bastante del gusto que complace al lector que le interesa seguir un hilo fácil, con unidades de tiempo y lugar, sin mayores complicaciones y desviaciones y con desenlaces «perfectos»; una lectura que le sirva de entretenimiento como escape de sus propios problemas en los cuales no desa pensar ni se interesa para resolverlos realísticamente. Esta literatura al uso tradicional le exaspera a Morelli, el escritor vanguardista interesado en «quebrar los hábitos mentales del lector»:

> Morelli es un artista que tiene una idea especial del arte, consistente más que nada en echar abajo las formas usuales, cosa corriente en todo buen artista. Por ejemplo, le revienta la novela rollo chino. El libro que se lee del principio al final como un niño bueno. Ya te habrás fijado que cada vez le preocupa menos la ligazón de las partes, aquello de que una palabra trae la otra (99:505).

> Dar coherencia a la serie de fotos para que pasaran a ser cine (como le hubiera gustado tan enormemente al lector que él llamaba el lector-hembra) (109:532).

> Pero no había que fiarse, porque coherencia quería decir en el fondo asimilación al espacio y al tiempo, ordenación a gusto del lector-hembra (109:533).

La segunda lectura, la sugerida para el lector cómplice, aquél que es capaz de entregarse de lleno al quehacer creador, es la que crea la verdadera novela; es decir, la antinovela-novela que se aparta de los cánones establecidos. Es el libro que Cortázar desea escribir como experimento literario:

> Estoy revisando un relato que quisiera lo menos literario posible. ... El 'estilo' de antes era un espejo para lectores-

alondra; se miraban, se solazaban, se reconocían. Descubrir que los órdenes estéticos son más un espejo que un pasaje para la ansiedad metafísica (112:538-539).

En cuanto a que la motivación del doble diseño «revela la estructura de un mundo con dos capas diferentes de penetración, mejor quizás la doble estructura de la experiencia de aprehensión del mundo»[4] satisface más como interpretación a cierto tipo de lectores de *Rayuela* y a algunos críticos que no vieron de pronto el motivo escondido. En todo caso el primer diseño de la novela, la novela-novela que contiene situaciones y personajes y sigue más o menos de cerca el patrón de la novelística tradicional, representaría la realidad cotidiana, con su falsa visibilidad y su concretismo hueco, reflejo de la vida superficial y aparentemente racional del mundo, la cual no constituye la realidad genuina para Cortázar. Esta condición insubstancial y corrosiva del mundo aparece en la narrativa de Morelli y en los comentarios que resultan de ella:

No parecía proponerse una teoría ... pero de todo lo que llevaba escrito se desprendía con una eficacia infinitamente más grande que la de cualquier enunciado o cualquier análisis, la corrosión profunda de un mundo denunciado como falso. ... La moral de occidente se les aparecía a esa hora como una proxeneta, insinuándoles una a una todas las ilusiones de treinta siglos inevitablemente heredados, asimilados, masticados (141:603-604).

La novela que resulta de la manera personal de leer el libro cualquiera que sea la que al lector se le ocurra usar y que está sugerida por el patrón dado por el autor, representa la realidad subjetiva de una experiencia más profunda, que para los existencialistas es la auténtica

---

4 Barrenechea, «Estructura», pág. 74.

realidad. Esta «irrealidad», de mayor significación que la realidad objetiva constituye la fuerza motriz de los pensamientos, ideas y actos del hombre según Morelli-Cortázar. «Las alusiones de Morelli a la inversión de los signos, a un mundo visto con otras y desde otras dimensiones, como preparación inevitable a una visión más pura» (141:604). Cortázar tiene una obsesionante preocupación por la realidad cotidiana, como aquello que envuelve al hombre y lo atrapa para sumergirlo en multitud de engaños peligrosos; y «por eso bucea en el mundo cotidiano endurecido por la costumbre, en busca de la realidad fluida que se presiente bajo esa costra»[5].

El largo camino recorrido desde las primeras edades del hombre hasta este punto en que nos toca vivir es el camino del error. Nos ha llevado a las oposiciones dialécticas, a las elecciones tajantes (razón/intuición, cuerpo/alma, materia/espíritu, idealismo/realismo, acción/contemplación). ... El camino conduce a logros técnicos que parecen extraordinarios (resueltas las enfermedades y las comunicaciones, alcanzados el confort y la higiene, todos felices en la pequeña parcela de paraíso, todos regimentados por el conformismo y la mediocridad), pero basta mirarlo lúcidamente para desenmascarar su falso orden[6].

La novela-novela en *Rayuela*, la que se lee como novela-rollo, representa un vivir frívolo y superficial, en tanto que la antinovela-novela, realizada como saltando en el juego de la rayuela, responde a las inconsistentes y misteriosas ligazones de la vida, cuya explicación escapa a la dialéctica ordenada del hombre occidental. La disyuntiva, pues, que representa *Rayuela* para ser leída o como una novela-novela o como un libro que contiene una antinovela-novela, es simbólica de la elección que

---

5 Barrenechea, «Estructura», pág. 70.
6 Barrenechea, «Estructura», págs. 69-70.

el hombre tendrá que hacer entre acoplarse a la «Gran Costumbre», a la tradición, o realizar cambios que le orienten en la búsqueda de un nuevo estilo de vivir y, sobre todo en literatura, en un nuevo modo de novelar, que sea capaz de expresar el sentir del hombre actual, su angustia existencial presente. Sobre estos dos aspectos combinados, «su sentido de la condición humana con su sentido de la condición de artista» (112:539), se levanta el proyecto experimental existencialista de la novela *Rayuela*, partiendo de un juicio al modo de entender la existencia y de un juicio a la literatura, todo ello propuesto en una obra de arte:

> Morelli se daba gusto de seguir fingiendo una literatura que en el fuero interno minaba, contraminaba y escarnecía. ... Se habían preguntado por qué odiaba Morelli la literatura, y por qué la odiaba desde la literatura misma. ... El desencanto no estaba referido a las circunstancias y acaecimientos que se narraban en el libro, sino a la manera de narrarlos. ... Lo que el libro contaba no servía de nada, no era nada, porque estaba mal contado, era literatura (141:602-603).

La novela *Rayuela* es sobre todo la inciación de la literatura en una nueva dirección que marque rumbos nuevos al pensamiento y a la manera de relacionarse el hombre con la realidad cotidiana que tanta fascinación tiene para Cortázar. *Rayuela* es la novela «bisagra» en que gira el género novelístico «sobre sus goznes», tanto en el estilo como en la estructura y las ideas. *Rayuela* trata de instaurar un orden abierto que suplante el orden cerrado que postula hacer estallar. Declara Cortázar:

> La esencia del problema no ha cambiado; quiero decir que el tipo de problemas que suscitaron la reflexión en la Atenas del siglo v antes de Cristo sigue siendo el mismo básicamente, porque nuestras estructuras lógicas no se

han modificado. El problema no consiste solamente en reemplazar toda una serie de imágenes del mundo, sino, como dice Morelli, en ir más allá de las imágenes mismas, ingresar al orden de las puras coordenadas. Aquí es donde intervienen las «figuras»[7].

ORGANIZACIÓN

La primera organización del libro por su autor es una novela-novela, como ya hemos visto. Esta está dividida en dos partes, «Del lado de allá» y «Del lado de acá», y abarca cincuenta y seis capítulos. La primera de estas dos partes, «Del lado de allá», va hasta la página 253 y se halla dividida en treinta y seis capítulos. La segunda, «Del lado de acá» va hasta la página 404 y consta de veinte capítulos. De acuerdo a las instrucciones del autor se puede leer «sin remordimientos» la obra hasta el capítulo 56 prescindiendo del resto del libro; es decir, de los noventa y nueve capítulos agregados en la tercera parte que se titula «De otros lados». Pero si el lector lo desea puede leer todo el libro saltando de capítulo en capítulo, yendo y viniendo de la trama principal comprendida en las dos primeras partes al resto de la obra, siguiendo el orden por capítulos sugerido por el autor. Si bien los capítulos de la tercera parte del libro siguen un plan que o cambia su sucesión (155 y 99) o los repite (131 y 58) o incurre en omisión (55), no sucede así con las dos primeras partes, cuyo curso rectilíneo se conserva y la posible anécdota sigue sin más vallado que la interferencia de los capítulos «prescindibles» que se van agregando.

---

7 Luis Harss, «Julio Cortázar o la cachetada metafísica», *Mundo Nuevo*, núm. 7 (enero, 1967), 70. [Citado en lo sucesivo como Harss, «Metafísica»].

El propósito principal de este procedimiento es tanto objetivo como subjetivo: el lector no sólo toma parte en la formación estética del libro; esto es, en su estructura tanto interna de su contenido como externa de su forma organizando los elementos sostenedores de la novela, sino que está consciente que en ese su quehacer literario gravita la obra de arte que se gestó en la conciencia del autor. En ese ir y venir cargado del material en bruto, diríamos así, que proporcionó el genio creador del autor, el lector va acondicionando las ideas reveladoras de la intención artística. Subjetivamente el lector-autor se siente involucrado (y atraído e inspirado) en la búsqueda de ese «kibbutz del deseo», de ese absoluto que ha de convertirse en la epifanía de su existencia. Esta técnica funciona como un símbolo del afán del hombre existencial por realizarse; pues cada lector-autor formará su propia novela, dando así significado a su propia existencia por medio de la faena del acto creador, como un Roquetin sartreano. Como dice el crítico y novelista mejicano Carlos Fuentes:

> Pero esta segunda lectura sólo abre la puerta a una tercera y, sospechamos, al infinito de la verdadera lectura. Cortázar, nos damos cuenta, está proponiendo algo más que una narración. Su propósito es agotar todas las formulaciones posibles de un libro imposible: un libro que suplantara radicalmente la vida en una vasta lectura de todas las combinaciones de lo escrito[8].

El asunto principal de la novela-novela, la que comprende los primeros cincuenta y seis capítulos del libro, está dado mayormente por medio de episodios. Creemos que *Rayuela* es una novela episódica con un personaje

---

[8] Carlos Fuentes, «*Rayuela:* la novela como caja de Pandora», *Mundo Nuevo*, núm. 9 (marzo, 1967), 67.

central que aparece directa o indirectamente en ellos; es decir, que los episodios no están eslabonados por una acción continuada sino por un personaje principal común a todos ellos. La multiplicidad episódica de *Rayuela* es reflejo de esta vida formada por una serie de capítulos generalmente sin conexión. Escenas aisladas se yuxtaponen sin ninguna secuencia del asunto. Esta organización de la novela se deja ver en una de las citas del escritor Morelli:

> Esas, pues, son las fundamentales, capitales y filosóficas razones que me indujeron a edificar la obra sobre la base de partes sueltas —conceptuando la obra como una partícula de la obra— y tratando al hombre como una fusión de partes de cuerpo y partes de alma —mientras a la Humanidad entera la trato como a un mezclado de partes (145:614).

Los episodios en *Rayuela* están narrados sin orden cronológico, con cierta ambigüedad y con mucho humor jarriano, el cual se mete dentro del diálogo, del monodiálogo, de la descripción y de la narración, creando un ambiente descarado y de extremo cinismo, sólo refrenado por los discursos interiores de tono reflexivo y una que otra escena tiernamente temperadora. Como lo explica el profesor Justo Arroyo: «Esta postura burlona requería la creación de uno de los personajes más descarados que ha producido la novelística contemporánea. El cinismo de Oliveira le permite el ajuste a cualquier situación a que lo pueda llevar la *Rayuela*.»[9]

Rayuela está planteada sobre el modo de vivir inauténtico del hombre,

---

9 Justo Arroyo, «Julio Cortázar y su *Rayuela*», *Lotería,* Vol. XI, número 126 (mayo, 1966), 29-30.

porque la especie erró el camino desde sus orígenes, un
absurdo infinito al que el hombre occidental ha intentado
inútilmente, encontrarle sentido apoyado en la razón, en
el sentimiento, en el pragmatismo, mundo que oculta un
misterio quizá percibido al ingresar en él en la infancia,
pero que luego vamos olvidando parcializados y fosilizados
por capas de convenciones, de hábitos de familia, de trabajo, de estudio, de lenguaje por los engranajes de las
diversas rutinas que nos apresan[10].

La organización ilógica de *Rayuela*, que es simbólica de
ese mundo irracional que oculta un misterio cuya significación esquivamos o despreciamos hasta casi el olvido, el
«Olvido Negro» (71:434), insensibilizados por la rutina del
diario vivir, refleja la desorientación del hombre contemporáneo. Al mismo tiempo parece señalar nuevos rumbos,
los cuales están implicados por el rompimiento con el
orden establecido de las forma fijas de expresión y con el
orden cerrado de la novela y por la instauración de
órdenes abiertos a perspectivas múltiples.

En «El Perseguidor» (un anticipo de *Rayuela*) Cortázar
comienza a prestar atención a la creación de un personaje
real. El mismo lo dice:

En «El Perseguidor» quise renunciar a toda invención y
ponerme dentro de mi propio terreno personal, es decir,
mirarme un poco a mí mismo. Y mirarme a mí mismo
era mirar al hombre, mirar también a mi prójimo. Yo
había mirado muy poco al género humano hasta que escri-
bí «El Perseguidor»[11].

«El Perseguidor» ... ya no es fantástico. Al contrario,
me parece que es un cuento en algún sentido, existencial:
la primera meditación de un hombre frente a su destino[12].

---

10 Barrenechea, «Búsqueda,» pág. 71.
11 Harss, «Metafísica», pág. 65.
12 Margarita García Flores, «Siete respuestas de Julio Cortázar», *Revista de la Universidad de México*, año XXI, núm. 7 (1967),
10. [Citado en lo sucesivo como García Flores, «Siete respuestas»].

En Horacio Oliveira (su personaje mejor logrado) cul-
mina esta aspiración de Cortázar de contemplar al hombre por dentro, al hombre interior.

> Aparentemente se trataba de una renuncia a los temas de
> carácter fantástico, sustituidos por un ingreso en el tema
> del hombre en cuanto criatura atormentada y problemá-
> tica. ... pero igualmente fantástica en la medida en que
> el hombre está todavía muy lejos de haberse realizado
> plenamente, y toda anticipación ... se nos antoja una
> fantasía de novelista[13].

Sin duda que este interés de Cortázar por el hombre
mismo responde a una actitud de indiferencia hacia el
intelectualismo anterior de su obra literaria. Los personajes cortazarianos hasta *Rayuela* (y «El Perseguidor»)
responden a una situación o a una idea. Son vehículos
para transportar una realidad: los personajes son colo-
cados en una situación (115:543), son un recurso para
expresar una idea o una actitud. Son personajes artificia-
les. De aquí que Horacio Oliveira lo consideremos un
personaje novelístico, humano, por cuanto responde a
una realidad concreta, tangible y vivible. Como figura de
un antihéroe, que lucha por su libertad y su autenticidad
en contra de lo convencional, Oliveira es el descendiente
más logrado de sus dos predecesores: el Minotauro en
Los reyes y Johnny Carter en «El Perseguidor». Leemos
en una de las notas sueltas de Morelli:

> La novela que nos interesa no es la que va colocando los
> personajes en la situación, sino la que instala la situación
> en los personajes para volverse personas. Hay como una
> extrapolación mediante la cual ellos saltan hacia nosotros,
> o nosotros hacia ellos *(Ibíd.).*

---

13 Rubén Barreiro Saguier, «Entrevista a Julio Cortázar», *Alcor*
(Paraguay), núm. 29 (marzo-abril, 1964), 2.

Es bien clara la falta de argumento en *Rayuela*. También la falta de acción, que sólo ocurre ocasionalmente, ya que no existe una serie de actos determinados por el sujeto principal, Horacio Oliveira, ni por el motivo o punto central de la obra —la búsqueda del conocimiento absoluto, de una verdad que explique y transforme la realidad visible. Mucho menos nos podemos referir a una trama, puesto que no existe ningún enredo o conflicto; éstos estarían, en todo caso, en la obsesionante búsqueda del protagonista. El trajín de la novela, su razón de ser, está en esa lucha interior del protagonista, reflejo de la inconformidad habitual del hombre, hecho crisis por la angustia actual que le domina, después de las guerras cataclísmicas de primera mitad de siglo, y también en el afán de Oliveira por encontrarse a sí mismo y realizar su ser. De aquí que la técnica de expresión de *Rayuela* sea la del fluir de la conciencia o fluir psíquico, que vertido en monólogos interiores alterna con la narración.

Aunque hemos dicho que se nota en *Rayuela* la falta de argumento, trataremos, sin embargo, de organizar de alguna manera, esqueléticamente, el contenido anecdótico o narraciones de incidentes de la novela-novela, que se encuentra principalmente en los cincuenta y seis primeros capítulos del libro. Para ello comenzaremos siguiendo al protagonista Horacio Oliveira a las reuniones del Club de la Serpiente, en París. Allí se encuentra con un grupo de amigos, intelectuales y artistas aficionados, con los cuales amanecerá al son de una música de jazz tocada en un gramófono a cuerda y con discos viejos y gastados, en un ambiente desganado y cínico. O lo seguiremos en su vida bohemia, «elección de una inconducta en vez de una conducta» (2:25), o en sus encuentros amorosos y lascivos, desnudos de aventura y arropados de sensualidad, o en su amancebamiento con la Maga (una de las creaciones más bien logradas del autor), quien se encuentra en París expatriada del Uruguay por las circunstancias, con un niño pequeño, fruto de la prostitución, y a quien Horacio abandonará cínicamente provocando su suicidio. Pero sobre todo nos adentraremos en Oliveira mismo, para escuchar sus monólogos filosófico-metafísicos, de sensiblidad existencialista, soñando con llegar a ese «centro», a ese «encuentro», a ese «más allá», a ese, en fin, «cielo de la rayuela», no decidiendo nada por temor al equívoco (3:31-32; 2:25-26), pero obstinado en realizar su ser en una existencia auténtica, a fin de rescatarse del absurdo trágico de este mundo. Y de París, a donde Oliveira había huido de la «Gran Costumbre de la sociedad argentina», le acompañaremos en su vuelta a Buenos Aires, donde es recibido por un amigo, Traveler, y la esposa de éste, Talita, quienes suponen que Horacio ha sido expatriado por el gobierno francés, según se desprende del relato (43:311) «Talita acabó por entender que... Oliveira... en realidad no había vuelto sino que lo habían traído» (40:269). En Buenos Aires, en seguida se encuentra con Gekrepten, su antigua amante, con quien se pone a vivir de nuevo a pesar del poco interés que siente por ella. Se instala en frente de la vivienda de Traveler y Talita, sus amigos, personajes de mucha importancia en la novela, especialmente por encontrar Oliveira en Talita el doble de la Maga y en Traveler su «doppelgänger». (El tema del doble se da repetidamente y de maneras variadas en la obra de Cortázar.) Trabaja con Traveler y Talita en un circo y luego en un manicomio, donde Oliveira cuida de los locos, hasta que él mismo pierde la razón, y no sabemos si se suicida tirándose por una ventana, o si continúa enfermo; pero es de presumir que se restablece y gana la experiencia que le permite escribir estos fragmentos de su vida, siguiendo la técnica de Morelli, o continuar el diario que había comenzado antes, hasta terminarlo.

De modo que la novela no termina como se anuncia, en el capítulo 56, en el cual el fin del protagonista no se muestra con claridad. Es un final muy ambiguo; un fin sin fin. Para obtener alguna claridad hay que leer varios de los capítulos «prescindibles» de la tercera parte (135, 63, 88, 72, 77, 131, 58), por lo cual lógicamente pasan a formar parte de la novela-novela. El falso final de la novela está dado por la ambigüedad del fin del protagonista y el procedimiento oscilatorio de la lectura de los capítulos 131 y 58, últimos del tablero, los cuales mantienen al lector yendo y viniendo del uno al otro sin indicación de fin. Esto puede ser simbólico de la búsqueda utópica de un absoluto por parte de Oliveira y de su fracaso por crear un nuevo orden, una aspiración tan fantasmagórica como la propuesta ridícula de reforma de Ceferino Píriz, un personaje real en *La vuelta al día en ochenta mundos*, de Julio Cortázar (1967, págs. 185 y 186). Sin duda el plan extravagante de Ceferino Píriz funciona en el libro para reflejar el plan utópico de Oliveira.

Vemos, pues, que la mayoría de los capítulos de la tercera parte no son tan «prescindibles» como su autor declara (*Rayuela*, pág. 405); ellos se complementan y se suplementan entre sí y también con los de las dos primeras partes del libro. Los capítulos «prescindibles» puede que aclaren la intención del autor o completen la narración o que den a conocer la preceptiva literaria de Morelli Cortázar. Además dijimos ya que esta organización cumple la función simbólica que sugiere el diseño lúdicro de la rayuela: saltando de capítulo en capítulo, como jugando a la rayuela, el lector viene cargado de explicaciones adicionales, apuntes biográficos, notas humorísticas, aclaraciones complementarias, citas, reflexiones filosóficas, mención de autores, enunciados de Morelli...; y aún tiene que recoger interpolaciones de capítulos que no se refieren a la narración (134, 139, 146, 114) o de capítulos escritos en francés (128) o escritos en dos narraciones alternadas (34) o capítulos que no mencionan el nombre del personaje que habla (67, 68, 83, 104, etc.).

Hemos seguido a Horacio Oliveira desde la Tierra de su rayuela, la rayuela de su vida, empujando el guijarro de un sinnúmero de circunstancias episódicas, en su determinación de embocarlo en un salto final de experiencia totalizadora, «el salto fuera del tiempo» (99:507), en el semicírculo quimérico y tal vez utópico del cielo de su rayuela, allá donde espera encontrar «su kibbutz de deseo», «el centro», «el paraíso perdido»: un fin sin fin, porque es el salto propuesto hacia la esencialidad, la totalidad, la eternidad: «que no puede ser imaginado como futuro en el tiempo o en el espacio» (99:507). Porque «la verdadera realidad... no es algo por venir, una meta, el último peldaño, el final de una evolución» (99:508).

SIMBOLISMO

La materia de la novela, es decir, el asunto que elabora el tema, está ceñido al simbolismo creado por un remoto ritual tibetano y por la influencia de los yogis indúes. «Cuando pensé el libro», nos dice Cortázar, «estaba obsesionado con la idea del mandala [el primer título que pensó el autor para *Rayuela* fue Mandala], en parte porque había estado leyendo muchas obras... de religión tibetana. Además había visitado la India, donde pude ver cantidad de mandalas indúes y japoneses»[14]. Y a esto agrega Luis Harss: «Fue su oportunidad (de Cortázar) de ejercitarse con ese laberinto místico de los budistas, que 'suele ser un cuadro o un dibujo dividido en secretos, compartimentos o casillas, como la rayuela'» (Ibíd.).

Desde el mismo principio, incluyendo inicialmente el título del libro, toda la novela es un símbolo; pues en el motivo lúdicro de la figura dibujada sobre la acera descansa tanto la estructura de la obra como el significado de la misma. En su comentario de ese laberinto místico de los budistas cuyas divisiones se asemejan a las de la rayuela, Cortázar dice que

> facilita y estimula el cumplimiento de una serie de etapas espirituales. Es como la fijación gráfica de un progreso espiritual. Por su parte, las rayuelas, como casi todos los juegos infantiles, son ceremonias que tienen un remoto origen místico y religioso. Ahora están desacralizadas, por supuesto, pero conservan en el fondo algo de su antiguo valor sagrado (Ibíd.).

En ese laberinto místico, en esa serie de etapas espirituales funda el autor el simbolismo existencialista del esfuerzo del hombre por realizarse:

> En Rayuela el dédalo es un proceso que lleva hacia un más allá, a una 'caída hacia el centro' a un 'kibbutz del deseo', un estado de inmanencia donde 'ya se está', como en el 'abismo del ser' de Octavio Paz o el Nirvana budista. Rayuela es una invitación para el que sueña con un Iggdrasil que unirá el cielo y la tierra, a dar un salto mortal fuera del tiempo para caer en la otra orilla, en la eternidad. Es la búsqueda de lo que Musil llamó el reino milenario, 'esa especie de isla final' ... en la que el hombre se encontraría consigo mismo en una suerte de reconciliación total y de anulación de diferencias' (Ibíd.).

---

[14]   Harss, «Metafísica», pág. 62.

El juego de la rayuela que ha entretenido a millares de niños a través del tiempo y el espacio, encierra misterios que han quedado desacralizados y que Cortázar rememora simbólicamente. Se traza un dibujo generalmente sobre la acera con tiza blanca o de colores. A veces unas rayuelas tienen más casillas que obras; las casillas están numeradas en serie. Se juega el juego saltando sobre un pie con el que se va empujando un guijarro o tejo que ha de entrar en cada casilla de la rayuela en su orden numérico. Esta operación se repite hasta conseguir entrar el tejo en la casilla Cielo de la rayuela, lo cual se realiza como por «etapas espirituales», un esfuerzo que no es nada fácil. De errarse el blanco en cualquiera de las casillas, el jugador cede el turno de jugar a su compañero de «camino», de «peregrinación», y cuando le toca de nuevo su turno, recomienza su jornada lanzando el tejo a la casilla cuyo número erró y a la cual se dirigirá saltando (realizando simbólicamente otra etapa de su existencia, una metempsicosis). No hay posibilidad de demora en cumplir con el juego una vez que se empieza, pues tan pronto como se comienza a saltar no está permitido cambiar de pie ni mucho menos dejar de saltar; tampoco se permite que el zapato o el tejo toque las líneas del dibujo de la rayuela, ni que el tejo entre en una casilla ya jugada, pues hacia atrás no se puede ir nunca. El sentido del juego gravita sobre un avance constante hacia la casilla Cielo, lo que indica simbólicamente en la novela que el jugador de la vida está empeñado en alcanzar la meta deseada, el «kibbutz de su deseo», la inmortalidad soñada, pero no a la manera de la filosofía metafísica del hombre occidental, para quien «el fenómeno de la muerte... es el gran escándalo»[15].

---

[15] Harss, «Metafísica», pág. 63.

Mirar las rayuelas, los ritos infantiles del guijarro y el salto sobre un pie para entrar en el cielo (4:36). Cerrando los ojos alcanzó a decirse que si un pobre ritual era capaz de excentrarlo así para mostrarle mejor centro, excentrarlo hacia un centro sin embargo, inconcebible, tal vez no todo estaba perdido y alguna vez, en otras circunstancias, después de otras pruebas, el acceso sería posible (12:65).

El juego no requiere inteligencia pero sí exige mucha concentración y energía. Su éxito depende de cualidades de resistencia, equilibrio y acierto; el desánimo significa fracaso, pues sólo puede jugarse a la rayuela en una actitud positiva y optimista.

Oliveira se refiere al dibujo de la rayuela y explica el juego aludiendo a sus implicaciones ontológicas y metafísicas:

La rayuela se juega con una piedrita que hay que empujar con la punta del zapato. Ingredientes: una acera, una piedrita, un zapato, y un bello dibujo con tiza, preferentemente de colores. En lo alto está el Cielo, abajo está la Tierra, es muy difícil llegar con la piedrita al Cielo, casi siempre se calcula mal y la piedra sale del dibujo. Poco a poco, sin embargo, se va adquiriendo la habilidad necesaria para salvar las diferentes casillas ... y un día se aprende a salir de la Tierra y remontar la piedrita hasta el Cielo, hasta entrar en el Cielo ..., lo malo es que justamente a esa altura, cuando casi nadie ha aprendido a remontar la piedrita hasta el Cielo, se acaba de golpe la infancia y se cae en las novelas; en la angustia al divino cohete, en la especulación de otro Cielo al que también hay que aprender a llegar ..., se olvida que para llegar al cielo se necesitan, como ingredientes, una piedrita y la punta de un zapato. ... Una piedrita y la punta de un zapato ... la recta vía del Cielo, sin necesidad de vedanta o de zen o de escatologías surtidas, sí, llegar al cielo a patadas, llegar con la piedrita (¿cargar con su cruz? Poco manejable ese artefacto) (36:251-252).

... como el Cielo estaba en el mismo plano que la Tierra en la acera roñosa de los juegos, y un día quizá se entra-

ría en el mundo … y un día alguien vería la verdadera figura
del mundo … y tal vez, empujando la piedra, acabaría
por entrar en el kibbutz (36:253).

Toda la novela se desliza sobre planos espaciales,
tantos físicos como metafísicos, guardando la relación
con el símbolo lúdicro de la rayuela. En el orden físico,
los planos espaciales se producen en movimiento, como
saltando de una dimensión a otra: de Buenos Aires a
París, de París a Buenos Aires, del circo al asilo, de
ventana a ventana (por medio del tablón), por escaleras,
calles, barrios, hoteles, todos ellos señalando derroteros.
Se nota como un saltar de un lugar a otro, marcando un
ritmo no de movimiento de vaivén sino de avance, de
ida constante como en el juego, saliéndose de un espacio
y entrándose en otro como a saltos y sin conexión.
Rayuela comienza bajo los arcos del Sena y termina tras
el cerco de una ventana convertida en estado de sitio
mediante un laberinto de piolines y palanganas acuosas
parapetados en su trasfondo (56:385-388). En el orden
metafísico los planos espaciales también están sugeridos
en movimiento: hacia un centro que supone espacio pero
en lo inconcebible, y que implica actividad de alguna
índole pero inmaterial. Al respecto da una idea más cabal
el comentario que sigue:

> La novela es la historia de la persecución de un absoluto
> … que toma diversos nombres. Se llama *mandala, camino,*
> *vedanta, viaje, peregrinación, descenso a las madres, pa-*
> *saje, puente, ventana, dibujo secreto, llave,* cuando acentúa
> el carácter de movibilidad, de búsqueda, de ir hacia un
> más allá. … Se llama *centro, kibbutz, Igdrassil, unidad,*
> *armonía, encuentro, cielo de la rayuela, paraíso perdido,*
> *más allá* cuando visto en la dinámica que desemboca en
> la meta o en el reposo alcanzado, se acentúa el fin al cual

se tiende, el sentido de esencialidad y totalidad que la búsqueda se propone como ideal[16].

En la *Rayuela* novela muchos juegan a la rayuela. La
juega el lector-autor saltando de capítulo en capítulo
para ayudarle al autor a hacer la verdadera novela; porque lo que pretende el autor es meter a trabajar al lector
para que llegue a ser «copartícipe y copadeciente de la
experiencia por la que pasa el novelista, en el mismo
momento y en la misma forma» (79:453). Juega a la
rayuela el protagonista Horacio Oliveira en su saltar de
aquí para allá buscando un espacio telúrico que lo iden-
tifique (París?, reuniones del Club?, hoteles?, pensiones?,
barrio latino?, escaleras?, puentes?; Buenos Aires?, barrio
de Almagro?, casa de Burzaco?, patio de la calle de Cocha-
bamba?, calle Viamonte?, circo?, asilo?, puente-tablón?...).
Ello parece ser simbólico de su desasosiego por aquello
otro que está buscando, el «kibbutz de su deseo».

> Oliveira ... seguía pensando en que sólo el que espera
> podría encontrar lo inesperado, y entrecerrando los ojos
> para no aceptar la vaga luz que subía de los portales,
> se imaginaba muy lejos (¿al otro lado del mar, o era un
> ataque de patriotismo?) el paisaje tan puro que casi no
> existía de su kibbutz. ... Pobrecito Horacio anclado en
> París, cómo habrá cambiado tu calle Corrientes, Suipacha,
> Esmeralda, y el viejo arrabal. Pero ..., muy lejos en el
> fondo de los ojos seguía viendo su kibbutz, no al otro
> lado del mar o a lo mejor al otro lado del mar, o ahí
> afuera ..., de cualquier manera su kibbutz estaba siempre
> ahí y no era un espejismo (36:248).

La Maga intuye la falta de identidad de Oliveira:
«Toc, toc, tenés un pajarito en la cabeza. Toc, toc, te pico-
tea todo el tiempo, quiere que le des de comer comida

---

[16] Barrenechea, «Búsqueda», pág. 73.

argentina. Toc, toc» (4:39). Se da cuenta de la nostalgia
de Oliveira por su país, su no estar a gusto en ninguna
parte. «Qué lejos está mi país, che, es increíble que pueda
haber tanta agua salada en este mundo de locos» (108:
526). Oliveira juega a la rayuela no tan sólo en lo espacial
telúrico, por definirse, sino en lo espacial metafísico, por
realizarse existencialmente, en esa aspiración al salto
final, al «Cielo» de la rayuela, en ese caer fuera del tiempo y del espacio donde lo territorial no cuenta. También
juega Oliveira a la rayuela en esa actividad intelectual
extrema que salta bruscamente de una dimensión a otra
del pensamiento en busca del ser auténtico, de la Verdad.
Juega a la rayuela la Maga en su constante ir de aquí para
allá empujando el guijarro de su destino, sin plan y sin
propósito, una rayuela mal jugada, «a los tropezones»,
acabando por perder el juego y dar en el vacío. Así lo
ve Oliveira, según lo demuestra el siguiente diálogo con
Talita:

> O. —¿Por qué te pusiste a jugar a la rayuela?...
> T. —¿Por qué me habré puesto? A mí en realidad no me
> gustó nunca la rayuela. ... Vi la rayuela al entrar,
> había una piedrita ... Jugué y me fui.
> O. —Perdiste en la tercera casilla. A la Maga le hubiera
> pasado lo mismo, es incapaz de perseverar, no tiene
> el menor sentido de las distancias, el tiempo se le
> hace trizas en las manos, anda a los tropezones con
> el mundo (54:369).

Y juega a la rayuela Talita, que la juega de veras, en la
realidad. Y el mismo Cortázar también la juega, al componer a *Rayuela*, saltando en la actividad creadora, ora
con Morelli (Morelli-Cortázar), ora con Oliveira (Oliveira-
Cortázar), ora con ambos (Morelli-Oliveira-Cortázar), y
aun con el lector (lector-autor).

El motivo críptico-simbólico del juego de la rayuela,

sobre el cual gravita el sentido existencialista y metafísico
de la novela, no se da tan sólo nominalmente en el título
del libro sino que aparece en la narración misma, como
figura, como juego y como parte de la acción de los personajes, y también como metáfora: toda *Rayuela* es una
rayuela. Veamos varios ejemplos:

> Desde la ventana de su cuarto en el segundo piso Oliveira
> veía el patio con la fuente, el chorrito de agua, la rayuela
> ... El 8 [un paciente asilado] jugaba casi toda la tarde
> a la rayuela, era imbatible. ... Por la noche la rayuela tenía
> como una débil fosforescencia y a Oliveira le gustaba
> mirarla desde la ventana (54:364).
>
> Talita salió al patio, cerró con llave (se la veía muy bien
> a la luz del cielo estrellado y caliente) ... Después cruzó
> el patio, pisoteando sin orden la rayuela y desapareció
> debajo de la ventana de Oliveira ... La noche con Talita y
> la rayuela, un entrecruzamiento de líneas ignorándose, un
> chorrito de agua en una fuente. Cuando la figura de Rosa
> salió de alguna parte y se acercó lentamente a la rayuela,
> sin atreverse a pisarla, Oliveira comprendió que todo volvía
> al orden (54:365).

También Oliveira, enajenado ya, intenta jugar a la
rayuela desde la ventana de su cuarto lanzando los restos
de los cigarrillos a las casillas de la rayuela que está tra-
zada en el patio.

> Se distraía en el momento de tirar el pucho sobre la
> rayuela. ... Y tiraba el pucho de manera que cayese en
> la novena casilla, y lo veía caer en la octava y saltar a la
> séptima, pucho de mierda (56:387).
> Si te salieras del territorio, digamos de la casilla una
> a la dos, o de la dos a la tres ... Es tan difícil, *doppel-
> gänger*, yo me he pasado toda la noche tirando puchos y
> sin embocar más que la casilla ocho (56:399).

En la siguiente cita, la rayuela se usa como metáfora de
la posesión pasional de la Maga por Oliveira, en dife-

rentes cuartos de hoteles. «Por qué no habría de amar a la Maga y poseerla bajo decenas de cielos razos..., si en esa vertiginosa rayuela... yo me reconocía y me nombraba... danza en torno al arca» (21:115). Era una rayuela que producía vértigo al saltarla de casilla en casilla. Oliveira se «reconocía» como el danzador «en torno al arca», «en una relación fundamental: la del éxtasis religioso y el erotismo», como que «el sentido del erotismo escapa a quien no vea en él un sentido religioso»[17].

COMIENZO DEL LIBRO

Rayuela se abre con dos párrafos epigramáticos que simulan pertenecer a fuentes fidedignas muy antiguas. Ambos párrafos introducen el tono ironizador de las dos preocupaciones fundamentalmente directrices de toda la novela: los valores morales, «la gran máscara podrida de Occidente» (125:560) y el lenguaje, «las perras palabras» (23:149), «perras negras» (93:484), ladrando ininteligiblemente, «palabras que lo mismo sirven para un barrido que para un fregado» (99:503).

El primer párrafo está inspirado en la moral bíblica judeocristiana y está escrito por un supuesto clérigo de una Orden, quien lo escribe «con licencia», quedando así implicado que esa colección de preceptos morales está basada, como dice Horacio Oliveira, en «la más falsa de las libertades, la dialéctica judeocristiana» (147:616). El párrafo reza así:

> Y animado de la esperanza de ser particularmente útil a la juventud, y de contribuir a la reforma de las costumbres en general, he formado la presente colección de má-

---

17 Severo Sarduy, «Del Yin al Yang» *Nuevo Mundo*, núm. 13, página 7.

ximas, consejos y preceptos, que son la base de aquella moral universal, que es tan proporcionada a la felicidad espiritual y temporal de todos los hombres de cualquiera edad, estado y condición que sean, y a la prosperidad y buen orden, no sólo de la república o gobierno que los filósofos más especulativos y profundos del orbe quieran discurrir.

Es obvia la ironía de este epigrama de apertura del libro, pues vemos vez tras vez en la novela como se fustiga, especialmente por el protagonista, esa falsa moral de la civilización occidental, la cual «se les aparecía... como una proxeneta, insinuándoles una a una todas las ilusiones de treinta siglos inevitablemente heredados, asimilados y masticados» (141:604). También, y como consecuencia de lo anterior, la ironía alcanza al estilo de vida inauténtico del hombre, del hombre contemporáneo en particular, lo cual es sintomático de toda la novela. Por otra parte, la fecha fingida de la colección, año 1797, nos parece muy alusiva, como el ocaso de un siglo que pretendió sacar al hombre del oscurantismo e iluminarlo con el racionalismo científico, dando lugar al movimiento filosófico iluminista. En el curso de la novela, Horacio Oliveira se refiere también al racionalismo con desdén, como que «segrega a través del lenguaje una arquitectura satisfactoria. ...La ciencia, es decir la razón, empieza por tranquilizarnos» (28:194); hasta que al fin, «el hombre, después de haberlo esperado todo de la inteligencia... se encuentra como traicionado» (99:506). El tono irónico de este párrafo inaugural queda de relieve cuando la novela muestra que, al cabo de esa «colección de máximas, consejos y preceptos», sólo queda el hombre destrozado del siglo xx.

El segundo párrafo epigramático de entrada al libro, ironiza principalmente, como dijimos, el medio de expresión que emplea el hombre para comunicarse. Es decir, que si el primer epigrama hace ironía de lo moral el segundo lo hace de lo intelectual, refiriéndose también a la condición moral del hombre.

Toda *Rayuela* ha sido escrita en función del lenguaje; esto constituye la preocupación primordial del autor. En este párrafo aparecen profusamente alteraciones en la escritura de las palabras, como un anticipo de las mutaciones en el lenguaje que encontraremos en la novela para ironizar la condición precaria del hombre: El párrafo, en cuestión, trata de una cita de un supuesto autor, cuyo nombre está formado por la combinación de los nombres de dos prestigiosos personajes contemporáneos de una época pretérita y muy famosa: César Bruto. Comienza diciendo:

> Siempre que viene el tiempo fresco, o sea al medio del *otonio*, a mí me da la loca de pensar ideas de tipo *eséntrico* y *esótico*, como ser por *egemplo* que me gustaría venirme golondrina para agarrar y volar a los *paix* adonde *haiga* calor, o de ser hormiga para meterme bien adentro de una cueva y comer los productos guardados en el verano o de ser una víbora como las del *socológicO*, que las tienen bien guardadas en una jaula de vidrio con *calefación* para que no se queden duras de frío, que es lo que les pasa a los pobres seres humanos que no pueden comprarse ropa con lo cara *questá*, ni pueden calentarse por la falta del querosén, la falta del carbón la falta de *lenia*, la falta de *petrolio* y *tamién* la falta de plata, porque cuando uno anda con biyuya *ensima* puede entrar a cualquier boliche y mandarse una buena *grapa* que hay que ver lo que calienta, ... [La cursiva es nuestra].

Las alteraciones hechas en ciertas palabras reproducen fónicamente la ironía del pensamiento que se quiere expresar: la condición desventajosa del hombre frente, por ejemplo, a las aves, que son libres y a las víboras, que son objeto de solícito cuidado. Fónicamente se ironiza también las diferencias sociales y la pobreza extrema, en una época de progresos científicos de toda clase, sobre todo tecnológicos. A renglón seguido se emplea un tono aconsejativo y moralizador:

> ... aunque no *conbiene* abusar, porque del abuso entra el *visio*, y del *visio* la *dejeneradés* tanto del cuerpo como de las taras moral de cada cual, y cuando se viene abajo por la pendiente fatal de la falta de buena *condupta* en todo sentido, ya nadie ni *nadies* lo salva de acabar en el más espantoso tacho de basura del *desprastijio* humano, y nunca le van a dar una mano para sacarlo de adentro del fango *enmundo* entre el cual se *rebuelca*, ...

El valor fónico de las jitanjáforas *dejenaradés, condupta, desprastijio, enmundo* predomina sobre el valor semántico, logrando el efecto ironizador que se desea. Por ejemplo, en *condupta* resalta el sonido abrupto de la «p», comunicando el sentido fachendoso que corresponde en la realidad al vocablo conducta. Ocurre lo mismo con la jitanjáfora *desprastijio*, la cual produce un sonido de burla disimulada del falso significado que se le da a la palabra desprestigio cuando se la refiere a la miseria moral y espiritual que sufre el hombre existencial por causa del falso orden en que vive. Cortázar se ríe de todas esas palabras que nada dicen de la verdadera realidad que envuelve a la criatura humana, atormentada y problemática. También el vocablo fónico *enmundo* que parece dar la impresión de convertir el fango inmundo de la inmoralidad del hombre que cae en el desprestigio, en el fango *en* [este] *mundo*, que nos salpica a todos, no siendo condición única de los desventajados. Este estilo jitanjafórico, rico en sonoridades expresivas, produce el tono ironizador implicado en la moraleja del epigrama: No hay nada que saque al hombre existencial de su condición angustiosa y desesperada.

El párrafo se continúa con un símil alegórico, el de un *cóndoR:*

> «...ni más ni *meno* que si fuera un *cóndoR* que cuando joven supo correr y volar por la punta de las altas *montanias*, pero que al ser viejo cayó *parabajo* como bombardero en picada que le *falia* el motor moral.

Es interesante notar el símil «como bombardero en picada», referido al hombre que se cae «*parabajo*» porque le «*falia* el motor moral». Es evidente el tono ironizador de la implicación de los valores morales como una fuerza motriz de un funcionamiento puramente mecánico y transitorio que, por tal, no está *excempto* de fallar. De aquí que el epigrama termine aconsejativamente:

> ¡Y ojalá que lo que estoy escribiendo le *sirbalguno* para que mire bien su comportamiento y que no *searrepienta* cuando es tarde y ya todo se *haiga* ido al *corno* por culpa suya!

La jitanjáfora impura «sirbalguno» transmite también un efecto irónico de esa moral convencional y mecánica, contraria a la natural y universal que está en el hombre existencial. Como se advierte, lo que quiere comunicar al autor hay que captarlo a través de los valores fónicos de las palabras y no del valor semántico de las mismas. Diremos, además, que aun el título del supuesto capítulo: «Perro de San *Bernaldo*», de donde fue extraída la cita supuesta, coincide con el tono ironizador de la misma. «Perro de San *Bernaldo*», sugiere la burla disimulada de un salvador. Notemos el cambio ortográfico del nombre Bernardo, para referirse, sin duda, a lo falso del sistema moral propuesto para la salvación del hombre.

Comienzo de la novela-novela

De acuerdo a las sugerencias del autor para leer a *Rayuela*, ésta tiene dos comienzos: uno que es la forma corriente, o sea, el capítulo primero del libro; el otro, el capítulo 73, el cual da principio a la novela que el lector y el autor hacen juntos, intercalando los capítulos de la tercera parte. Vamos a referirnos a estos dos comienzos, empezando por el comienzo natural y lógico en todo libro, el primer capítulo, el cual, en rigor, no rige el concepto de comienzo, pues no se da principio a nada. Parecería más bien un resumen a priori de la novela, dado sin conexión, fuera del tiempo, a manera tal vez de introducción del desarrollo episódico de los eventos que aparecen a partir del capítulo nueve.

El capítulo inicial de *Rayuela* se abre con un sintagma en estilo indirecto libre: «¿Encontraría a la Maga?», el cual se adelanta sin introducción, como suele ser el caso cuando el indicio se da «a posteriori»:

> Tantas veces me había bastado asomarme, viniendo por la rue de la Seine, al arco que da al Quai de Conti, y apenas la luz de ceniza y olivo que flota sobre el río me dejaba distinguir las formas, ya su silueta delgada se inscribía en el Pont des Arts, a veces andando de un lado a otro, a veces detenida en el pretil de hierro, inclinada sobre el agua. Y era tan natural cruzar la calle, subir los peldaños del puente, entrar en su delgada cintura y acercarme a la Maga que sonreía sin sorpresa, convencida como yo de que un encuentro casual era lo menos casual en nuestras vidas (1:15).

El segundo párrafo se inicia también con otro sintagma de estilo indirecto libre: «Pero ella no estaría ahora en el puente» *(Ibíd.).* Parecería que el narrador empezó a escribir su diario mientras rememoraba el momento cuando en el Pont des Arts evocaba nostálgicamente el recuerdo de la Maga: «¿Encontraría a la Maga?» Lo cual puede significar: ¡quién diera que la pudiera encontrar!, sabiendo que eso era imposible. A continuación viene la respuesta en el párrafo siguiente: «Pero ella no estaría *ahora* en el puente.» El tercer párrafo comienza en estilo directo libre con la pregunta: «¿Qué venía yo a hacer al Pont des Arts?» Y continúa en la página siguiente (línea 21): «Y aún *ahora,* acodado en el puente, ... aún ahora, Maga, me preguntaba si este rodeo tenía sentido.» El tiempo del narrador es un presente ficticio, que vuelve a vivir mientras va rememorando los incidentes y las formas en que ocurrían en el pasado sus encuentros con la Maga. Oliveira está hablando fuera del tiempo. Toda *Rayuela* se da en una oscilación, en un balanceo zigzagueante, como saltando a la rayuela, y el orden cronológico se rompe de continuo; el tiempo se nos muestra fragmentado e inconexo, en una alternancia de tiempos y espacios, ajenos al tiempo de los personajes.

> Leyendo el libro, se tenía por momentos la impresión de que Morelli había esperado que la acumulación de fragmentos cristalizara bruscamente en una realidad total. Sin tener que inventar los puentes. ... porque coherencia quería decir en el fondo asimilación al espacio y al tiempo, ordenación a gusto del lector-hembra (109:533).

En el capítulo 21, el cual se conecta con el primer capítulo, Horacio Oliveira reflexiona: «¿Por qué esta sed de ubicuidad, por qué esta lucha contra el tiempo?... Me apasiona el hoy pero siempre desde el ayer..., y es así cómo a mi edad el pasado se vuelve presente y el presente es un extraño y confuso futuro» (21:113). Hablando con Ossip le dice:

Es muy raro poder estar en tres partes a la vez, pero esta
tarde me pasa eso, debe ser la influencia de Morelli. Sí,
sí, ya te voy a contar. En cuatro partes a la vez, ahora
que lo pienso. Me estoy acercando a la ubicuidad, de ahí
a volverse loco. ... Vuelvo de cuatro partes simultáneas
(57:407).

Al respecto de este comienzo del libro, Ana María
Barrenechea nos dice:

Parecería que Horacio está situado en el momento en que
se separó de la Maga, muerto Rocamadour, y desde ese
punto rehace su vida con ella, deteniéndose aquí y allá
en unos u otros episodios sin un riguroso orden cronológico, como si vagara por las calles, al azar, para reencon-
trarla. Esta ubicación temporal no surge con claridad del
relato, que mantiene una conducta narrativa de gran am-
güedad y muchas veces de signos contradictorios, sino
de algunas alusiones aisladas, como el hablar al pasar de
Berthe Trépat[18].

Horacio Oliveira está meditando en la Maga, cuyo recuerdo lo sitúa en París; pero no lo hace en un orden
cronológico sino a la manera en que la memoria se manifiesta en el flujo de la conciencia, por asociación, una
idea concentrándose con otras, un objeto que se eslabona
con algún otro y atrae la atención hacia un evento, incidente o circunstancia. Así por ejemplo, en un monodiálogo
interior directo, Horacio se dirige a la Maga comparando
metafóricamente la desilusión que le producían las muje-
res que se le parecían, pero que no eran Ella, con un paraguas mojado que se cierra, atraído por el recuerdo del
incidente acaecido a los dos con un paraguas:

Oh Maga, en cada mujer parecida a vos se agolpaba como
un silencio ensordecedor, una pausa filosa y cristalina que

---

18 Barrenechea, «Estructura», pág. 79.

acababa por derrumbarse tristemente, como un paraguas
mojado que se cierra. Justamente un paraguas, Maga, te
acordarás quizá de aquel paraguas viejo que sacrificamos
en un barranco del Parc Montsouris, un atardecer helado
de marzo ... y aquella tarde cayó un chaparrón y vos
quisiste abrir orgullosa tu paraguas cuando entrábamos
en el parque, y en tu mano se armó una catástrofe de
relámpagos fríos y nubes negras, jirones de tela destrozada
cayendo entre destellos de varillas desencajadas, y nos
reíamos como locos mientras nos empapábamos (1:16).

Desde el capítulo 3 la novela sigue un curso irregular
en el tiempo de la narración, oscilando entre contar la
rememoración de lo sucedido (tiempo pasado) y el acae-
cer de los hechos según van sucediendo y se van viviendo
(tiempo presente).

COMIENZO DE LA ANTINOVELA-NOVELA

Veamos ahora el otro comienzo del libro, el sugerido
por el capítulo 73, primero de la novela que Cortázar
invita al lector a hacer en cooperación. Este capítulo
cumple una función inicial y básica muy importante para
todo el libro. Parece más bien el prefacio de toda la obra,
por la razón que en él se introducen los elementos intrín-
secos de la misma, dando el tono general del libro. Comienza insinuando una búsqueda, una doble búsqueda, la
de una razón de vivir y la de un medio de expresión original, estableciendo de este modo las dos preocupaciones
fundamentales de la novela (de la antinovela-novela): la
de un lenguaje incapaz de reflejar la angustia y la frustración del hombre, y la preocupación por encontrar una
solución al problema existencial del hombre, interesado
por su modo de ser y su destino.
El medio de expresión de todo el capítulo es el monó-

logo interior directo. La implicación de una búsqueda desesperanzada de orden metafísico está dada por medio de un estilo interrogativo retórico y profundamente metafórico:

> Sí, pero quién nos curará del fuego sordo, del fuego sin color que corre al anochecer por la rue de la Huchette, saliendo de los portales carcomidos, de los parvos zaguanes, del fuego sin imagen que lame las piedras y acecha en los vanos de las puertas, cómo haremos para lavarnos de su quemadura dulce que prosigue, que se aposenta para durar aliada al tiempo y al recuerdo, a las sustancias pegajosas que nos retienen de este lado, y que nos arderá dulcemente hasta calcinarnos (73:438).

Es un fuego silencioso, «un fuego sordo», «sin color», «fuego sin imagen que lame las piedras y acecha en los vanos de las puertas» (73:438): un fuego que consume el espíritu. «Así es como París nos destruye despacio, deliciosamente, triturándonos entre flores viejas y manteles de papel con manchas de vino, con su fuego sin color que corre al anochecer saliendo de los portales carcomidos» (73:439 y 440). Una doble metáfora, porque sin duda alude también a la falsa realidad cotidiana, de que nos habla Cortázar, «una realidad prefabricada con muchos años de cultura donde hay maravillas pero también hay profundas aberraciones, profundas tergiversaciones. ...y que enmascara una segunda realidad que no es ni misteriosa, ni trascendente, ni teológica, sino que es profundamente humana»[19].

Si consideramos las múltiples metáforas que se desprenden de ese fuego voraz y devastador que alude a los dos motivos que acabamos de mencionar, observaremos que se trata de un «fuego sordo», «sin imagen», esto es,

---

19   García Flores, «Siete respuestas», pág. 11.

único en su estructura y en su obra destructora y que
produce una «quemadura dulce», la de la «Gran Costumbre», la aceptación pasiva y convencional de una vida
absurda que «nos arderá dulcemente hasta calcinarnos».
La sinestesia resulta en este caso la imagen más apropiada
para expresar sentimientos en contraste: el corrosivo del
absurdo del mundo, como una «quemadura», y el lenitivo
o dulce de una conducta tranquilizadora: «fuego sordo»,
imperceptible, sutil, que si bien arde, «arderá dulcemente», y si bien quema, será una «quemadura dulce» (Cortázar emplea con profusión la sinestesia.)

Veamos estas otras imágenes, de las cuales podría
decirse que reflejan la angustia existencial de una realidad inescapablemente consumidora:

> Ardiendo así sin tregua, soportando la quemadura central
> que avanza como la madurez paulatina en el fruto, ser el
> pulso de una hoguera en esta maraña de piedra intermi-
> nable, caminar por las noches de nuestra vida con la obe-
> diencia de la sangre en su circuito ciego (73:438).

Se trata de una realidad que «sorportando la quemadura
central que avanza como la madurez paulatina en el
fruto» alude, sin duda, a una destrucción que comienza
en los más vital de nuestra existencia minándola enteramente. «Ser el pulso de una hoguera en esta maraña de
piedra interminable» es una metáfora que bien puede
referirse a eso que le fascina y le atormenta al autor: la
realidad cotidiana, difícil de desentrañar y aprehender.
«Caminar por las noches de nuestra vida con la obedien-
cia de la sangre en su circuito ciego», metáfora de corte
tradicional, parecería significar la vida sin sentido del
hombre, condenado como el Sísife camusiano a una lucha
estéril y absurda, sin más salida ni escape que un some-
timiento vano, forzoso e interminable.

Es bien evidente, pues, el estilo preeminentemente metafórico del capítulo 73 y también la sensibilidad profundamente existencialista, ambos característicos de toda la novela. Además el problema del lenguaje ocupa, como dijimos antes, un lugar muy señalado en este capítulo. «Toda *Rayuela*», nos dice su autor, «fue hecha a través del lenguaje»[20]:

Cuantas veces me pregunto si esto no es más que escritura, en un tiempo en que corremos al engaño entre ecuaciones infalibles y máquinas de conformismos. Pero preguntarse si sabremos encontrar el otro lado de la costumbre o si más vale dejarse llevar por su alegre cibernética, ¿no será otra vez literatura? Rebelión, conformismo, angustia, alimentos terrestres, todas las dicotomías: el Yin y el Yang. ... Parecía que una elección no puede ser dialéctica, que su planteo la empobrece, es decir la falsea, es decir la transforma en otra cosa. ... Todo es escritura, es decir fábula. ... Nuestra verdad posible tiene que ser *invención*, es decir, escritura, literatura, pintura, escultura, agricultura, piscicultura, todas la turas de este mundo. Los valores, turas, la santidad, una tura, la sociedad, una tura, el amor, pura tura, la belleza, tura de turas. ... Nos arde un fuego inventado, una incandescente tura (73:438-440).

También aparece en este capítulo el escritor Morelli, con su sentido crítico de la palabra, como que ésta da una falsa representación de la realidad, por medio de la fábula del tornillo:

Morelli habla del napolitano que se pasó años sentado a la puerta de su casa mirando el tornillo en el suelo. ... El tipo murió de un síncope, y el tornillo desapareció apenas acudieron los vecinos. ... Uno de ellos lo guarda, quizá lo saca en secreto y lo mira, vuelve a guardarlo y se va a la fábrica sintiendo algo que no comprende, una oscura reprobación. Sólo se calma cuando saca el tornillo y lo

---

[20] Harss, «Metafísica», pág. 69.

mira ... Morelli pensaba que el tornillo debía ser otra
cosa, un dios o algo así (73:439).

Y a renglón seguido, en estilo indirecto libre, se nos da
implícitamente la moraleja de la fábula: «Quizá el error
estuviera en aceptar que ese objeto era un tornillo por
el hecho de que tenía la forma de un tornillo».

El monólogo interior —forma literaria del capítulo 73
y que es también la fundamental de la novela— revela
las reflexiones soliloquiales del protagonista, de una extrema percepción analítica. Estas reflexiones oscilan entre el
pensar y el hacer, entre una tesis y una antítesis, como
que existe en su interior la controversia constante entre
dos actitudes: «Que sí, que no, que en ésta está» (73:438).
Oliveira mismo lo dice en otra ocasión: «Sabiendo que
como siempre me costaba mucho menos pensar que ser»
(2:26).

Todo el capítulo refleja una desintegración de valores
y anuncia la negación de un final y de una solución en la
novela, como es el caso realmente según lo hemos visto ya:

> Sí, nadie nos curará del fuego sordo, del fuego sin color,
> que corre al anochecer por la rue de la Huchette. Incura-
> bles, perfectamente incurables, elegimos el Gran Tornillo,
> nos inclinamos sobre él, entramos en él, volvemos a inven-
> tarlo cada día ... inventamos nuestro incendio, ardemos
> de dentro afuera, quizá eso sea la elección, quizá las pala-
> bras envuelvan esto (73:440).

La incomunicación, que es el tema subterráneo de
Rayuela —como de toda la obra cortazareana—, es visible
también en este comienzo representativo del libro. En
cuanto al estilo, hemos visto ya que descansa principalmente en la metáfora, dando así también el índice estructural estilístico de la novela: *Rayuela* es una metáfora
de principio a fin. Cortázar, se sabe, es un mago en el

arte de la simulación metafórica, con carácter trascendente, una especie de simbolismo mágico. «Mi mundo es un mundo, no sé si llamarlo poético pero sí, en todo caso, un mundo mítico y mágico. Creo que alguna vez esas dos palabras serán sustituidas sencillamente por la palabra hombre»[21].

El profuso empleo que hace Cortázar de las imágenes tiene un doble propósito; «devolver el arte a su función de creador de imágenes...» (116:545), «un retorno del arte moderno a la Edad Media. Esta había entendido el arte como una serie de imágenes, sustituidas durante el Renacimiento y la época moderna por la representación de la realidad» (116:544). Nos parece oportuno el siguiente comentario al respecto del escritor argentino Eduardo Mallea:

> La literatura de los orígenes estaba constituida por un infinito sistema de imágenes. La propia filosofía primitiva continuó devanando aquel infinito hilo de imágenes. Poco a poco fue haciéndolo ideas. El logos avanzaba con sus propias ideas sostenidas sobre los pies de imágenes apenas veladas por una tenue lógica sobre la sensible base metafórica. La poesía fue al principio una poética de las imágenes. Y sólo mucho más tarde, y en el campo del pensamiento especulativo, al crearse los grandes sistemas críticos, las imágenes fueron sustituidas por verdaderas ideas. La novela y la poética permanecieron fieles a las imágenes. Y sólo mucho después, avanzado este siglo, la novela y la poética ven debilitado su aparato de imágenes y fortalecida su pura necesidad lógica. Nunca hubo novelistas más inteligentes que los novelistas troncales del siglo xx entre los años treinta y sesenta. Esto indica que los novelistas adquirían conciencia de ciertos deberes, sólo que a la vez perdían sus antiguas colonias: el dominio de las grandes imágenes tradicionales[23].

---

[21] García Flores, «Siete respuestas», pág. 12.
[23] Eduardo Mallea, *Poderío de la novela* (Buenos Aires, Aguilar, 1965), 174 y 175.

Cortázar se propone recobrar ese dominio. También se propone hacer del lector un intérprete de las imágenes, al incluirlo en la creación de la obra de arte, del mismo modo que fue un intérprete de las alegorías medievales. A este exquisito don de expresión, para el cual Morelli aconseja «acostumbrarse a emplear la expresión *figura* en vez de imagen» (como signo de verdades universales) (116:545), se debe mayormente la riqueza y fecundidad de la obra de Cortázar; un don poético por excelencia. Morelli exhorta: «Basta de técnicas puramente descriptivas, de novelas 'del comportamiento,' meros guiones de cine sin el rescate de las imágenes» (116:544).

Veamos en el capítulo que estamos considerando, la imagen tal vez más vistosa y expresiva, un poco nerudiana:

> Una ciudad que es el Gran Tornillo, la horrible aguja con su ojo nocturno por donde corre el hilo del Sena, máquina de torturas como puntillas, agonía en una jaula atestada de golondrinas enfurecidas (73:440).

Y este otro ejemplo dado en la siguiente frase tropológica en estilo indirecto libre, cuyas imágenes se dan en bimembración, en un montaje dicotómico, a fin de reflejar todas las dualidades del conformismo contemporáneo, con un vocabulario de actualidad, que es en *Rayuela*, representativo de la época actual:

> ... qué hamaca de palabras,
> qué dialéctica de bolsillo
> con tormentas en piyama
> y cataclismos de living room (73:438).

PUNTO DE VISTA

Uno de los problemas más importantes que suscita la lectura de *Rayuela* es el que tiene que ver con el «punto de vista»; es decir, con la situación del narrador en el relato o la posición desde la cual el relato es presentado. Eclécticamente podemos decir que el «punto de vista»

> es relación y referencia del narrador y al narrador para ubicarse y ubicarlo como tal frente a lo relatado y en el relato, para identificarlo o diferenciarlo del autor; es criterio para organizar el material narrativo desde dentro de la ficción o desde fuera de ella; es la especial iluminación de especiales ángulos del relato, de determinados modos de su temporalidad; es el punto de observación desde el cual el relato puede ser observado e imaginado[24].

Sabido es que el «punto de vista» de la novelística contemporánea se caracteriza por la multiplicidad y la complejidad; tal vez como una de las tantas maneras de referirse a la desorientación y frustración del hombre del momento. De ello *Rayuela* es un claro ejemplo: la posición del narrador en el relato es en extremo compleja. Se trata de un narrador-personaje-autor, que escribe algunos fragmentos de su vida alternando la primera persona con la tercera. En la primera persona se conduce autobiográficamente, contando el desarrollo espiritual que se va realizando en él mismo, a la manera de un intelectual que lo hace con plena conciencia. En la tercera persona, puede ocurrir que se comporte como personaje participando de la acción o puede que esté ausente del relato y en este

---

24 Raúl H. Castagnino, *El análisis literario. Introducción metodológica a una estilística integral*, 5.ª edición aumentada y actualizada (Buenos Aires: Editorial Nova, 1967), pág. 158.

caso se comporte como autor omnisciente que comprende
lo que está sucediendo y lo puede imaginar y convertir
en una ficción. Además es un narrador que en un mismo
capítulo cambia de la primera persona a la tercera para
referirse a sí mismo o de la tercera a la primera para
hablar en monólogo. «Cada cambio indica un distancia-
miento o acercamiento a la narración por parte de Oliveira, que se esconde detrás de una máscara narrativa
o se olvida y entra personalmente dentro de la obra que
es, después de todo un fragmento de su vida»[25]. No hay
duda alguna que este procedimiento responde al propósito
general de la novela de mantener confundido al lector,
quebrando así sus hábitos mentales y obligándolo a que
sea cómplice de la acción, y también al de motivar en el
lector un cambio de vida más auténtico, como está implícito en la siguiente declaración de Cortázar: «...porque
entiendo que esa especie de revolución que se hace dentro
de la palabra es la única que finalmente nos puede mostrar
la otra revolución, la más profunda, que es la que podríamos decir del espíritu»[26]. Barrenechea afirma:

> Rayuela está contada oscilando entre la primera persona
> de Horacio Oliveira y la tercera, con fragmento de diálo-
> go. ... La primera persona da a lo contado su aire de inme-
> diatez ... la tercera persona, a menudo se trata de 'un
> autor' que habla como sus personajes. ... También puede
> figurar Horacio narrando en primera persona y hablando
> de sí mismo en tercera como si se tratara de otro[27].

En suma, Cortázar, autor real y consciente, crea un
personaje autor, Morelli, que escribe una novela que sirve
de preceptiva para la creación de la novela *Rayuela* que

25   Alfred J. MacAdam, «Cortázar 'Novelista'», *Nuevo Mundo*,
número 11 (diciembre, 1967), pág. 41.
26   García Flores, «Siete respuestas», pág. 11.
27   Barrenechea, «Estructura», pág. 11.

Cortázar se propone escribir por medio de la creación de otro personaje-autor, Horacio Oliveira, que es quien, a su vez, escribe de Morelli. Se trata, pues, de una triple creación, circular, y de una novela dentro de otra. El narrador de *Rayuela*, Horacio Oliveira es, por lo tanto, el protagonista, el narrador y el autor omnisciente de la novela, componiendo la fórmula simbólica Oliveira-Morelli-Cortázar. Se comporta como un verdadero autor al escribir el diario que él mismo dice estar escribiendo: «No quiero escribir sobre Rocamadour, por lo menos hoy, necesitaría tanto acercarme mejor a mí mismo, dejar caer todo eso que me separa del centro» (2:28). «Mientras escribo, oigo un gorgoteo en mi estómago, me vuelve la sensación de que mi cuerpo se ha quedado atrás de mí...» (80:455).

El diario que escribe el narrador asume el carácter de una autobiografía falsa, puesto que va más allá de sí mismo y de lo que le es posible captar por los sentidos, para adentrarse en la conciencia de los personajes, que como entidades vivientes han influido en cierto período de su vida. Después de todo, la realidad, como la ve Oliveira y que envuelve a todos, es problemática y bien puede referírsela relativamente (un trasunto de la escritura automática de los superrealistas, pero sin apelación al subconsciente, como dijimos al principio). Seguramente estaba en la mente de Cortázar el concepto ficticio de lo biográfico como género literario que está supuesto a traducir una realidad individual imposible de comunicar fielmente. «Dada la naturaleza del hombre, una autobiografía es inevitablemente mentirosa»[28]. La posición, pues, de un biógrafo o de un autobiógrafo es en muchos respectos arbitraria: es una manera de ver la realidad que a Oliveira

---

[28] Ernesto Sábato, *El escritor y sus fantasmas* (Buenos Aires: Aguilar, 1963), pág. 126. [Citado en lo sucesivo como Sábato, *Fantasmas*].

se le antoja un juego de palabras: «Estás usando palabras... Les encanta que uno las saque del ropero y las haga dar vueltas por la pieza. Realidad, hombre de Neanderthal, míralas cómo juegan, cómo se nos meten por las orejas y se tiran por los toboganes» (28:190).

El «punto de vista» de *Rayuela* en primera y tercera persona sigue un balanceo entre el monólogo y la narración, cambiando, como ya hemos dicho, la primera a tercera persona o viceversa. El monólogo puede darse en soliloquio, en discurso interior directo y en discurso interior indirecto. Veamos algunos ejemplos. De tercera persona a primera:

> 'Lo malo de todo esto', pensó, 'es que desemboca inevitablemente en el *animula vagula blandula*. ¿Qué hacer? Con esta pregunta empecé a no dormir (3:33).

De primera persona a tercera, como cuando se refiere a sí mismo como si fuera otra persona, «Como si yo fuera alguien que me está mirando..., o como alguien que me está viviendo» (84:461). Comienza con un soliloquio:

> Realmente no me aflige gran cosa no haber leído todo Jouhandeau, a lo sumo la melancolía de una vida demasiado corta para tantas bibliotecas, etc. (84:462).

Sigue en monólogo interior directo libre:

> ..., es decir que andas con tu límite *por fuera* y más allá de este límite no podés llegar cuando crees que has aprehendido plenamente cualquier cosa, la cosa lo mismo que un iceberg tiene un pedacito por fuera y te lo muestra, y el resto está más allá de tu límite y así es como se hundió el Titanic (84:462-463).

Entonces cambia a monólogo interior indirecto libre, que supone la presencia imprescindible de un autor omniscien-

te: «Heste Holiveira siempre con sus hejemplos» (84:463).
Oliveira se refiere a sí mismo en tercera persona como si
se tratara de otro, y lo hace intercalando haches, como
para reducir la gradielocuencia y dar un tono modesto a la
referencia.

En este otro ejemplo hay todo el tiempo un balanceo
de tercera persona a primera y viceversa. El narrador comienza hablando en tercera persona como un autor omnisciente:

> No ganaba nada con preguntarse qué hacía allí a esa hora
> y con esa gente (18:90). ... A lo mejor todo eso no era
> más que una nostalgia del paraíso terrenal, un ideal de
> pureza, solamente que la pureza venía a ser un producto
> inevitable de la simplificación (18:91).

Entonces la narración pasa a monólogo directo libre:

> Pureza de ... Horacio, Horacio, por favor. Pureza. (Basta.
> Andate. Andá al hotel, date un baño, leé Nuestra Señora de
> París ... sacate la borrachera. Extrapolación, nada menos).
> Pureza. Horrible palabra. Puré, y después za. Date un
> poco cuenta (18:92).

Luego continúa con un soliloquio:

> Seamos serios, Horacio, antes de enderezarnos muy de a
> poco y apuntar hacia la calle con el alma en la punta de la
> mano. ... Preguntémonos si la empresa hay que acometerla
> desde arriba o desde abajo (pero qué bien, estoy pensando
> clarito...) (Ibíd.).

Casi imperceptiblemente la narración se desliza otra vez
a tercera persona por un autor omnisciente:

> Horacio resbaló un poco más y vio claramente todo lo que
> quería ver. No sabía si la empresa había que acometerla
> desde arriba o desde abajo (18:93).

Un ejemplo de la tercera persona empleada por el «narrador» para referirse con carácter de autor omnisciente a lo que está ocurriendo en su ausencia es el del diálogo entre Ossip y la Maga (24:28). «Cualquier cosa podía ser más interesante que adivinar el diálogo entre la Maga y Gregorovious» (15:75). Es un diálogo artificial y literario, que obra como un exorcismo de los celos de Horacio con Ossip, contrastándolos con los de la Maga con Pola, de mayores evidencias. Se trata, pues, de una ficción dentro de otra.

Estos ejemplos nos dan una idea de lo múltiple y complejo que es el «punto de vista» en *Rayuela*, lo cual responde no tan sólo a las técnicas en uso de la novela contemporánea sino a las inquietudes existencialistas de toda la obra.

II. EL LENGUAJE EN RAYUELA COMO PROBLEMA DE EXPRESION DE LO EXISTENCIAL

El tema del lenguaje es el primordialmente básico en la novela *Rayuela*. Todo el libro es un juicio hecho al lenguaje como problema de expresión de lo existencial; es decir, como literatura que falsea la realidad y que por lo tanto es incapaz de traducir las crisis espirituales y emocionales del hombre contemporáneo. También el lenguaje está tratado en la obra ontológicamente, como una estructura humana, como una vivencia inseparable de la existencia misma, lo cual, de por sí, crea problemas de expresión. De aquí que el problema del lenguaje corre por igual en toda la obra que los temas existencialistas, dando ambos el sentido integral de la novela.

«*Rayuela*», nos dice el autor, «fue hecha a través del lenguaje»[1], sobre «la convicción de que ha concluido el

---

1 Harss, «Metafísica», pág. 69.

dominio de la mera literatura y del mero arte, de que ha llegado el momento de colocarse más allá de las puras preocupaciones estéticas para enfrentar los problemas del hombre y su destino»[2]. Como nos dice Octavio Paz, el poeta y crítico mejicano: «Tenemos que aprender a mirar cara a cara la realidad. Inventar, si es preciso, palabras nuevas e ideas nuevas para estas nuevas y extrañas realidades que nos han salido al paso»[3]. Porque la existencia del hombre es otra cosa; la realidad no puede ser aprehendida por el lenguaje en uso, como creyeron los surrealistas, quienes, según Etienne y Oliveira:

> nos sospecharon bastante que la creación de todo lenguaje, aunque termine traicionando su sentido, muestra irrefutablemente la estructura humana. ... Lenguaje quiere decir residencia en una realidad, vivencia en una realidad. ... El lenguaje que usamos nos traiciona ... no basta con querer libertarlo de sus tabúes. Hay que revivirlo, no reanimarlo (99:503).

> Lo único claro en todo lo que ha escrito el viejo es que si seguimos utilizando el lenguaje en su clave corriente, con sus finalidades corrientes, nos moriremos sin haber sabido el verdadero nombre del día. Es casi tonto repetir que nos venden la vida ... que nos la dan prefabricada (*Ibíd.*).

Hay en *Rayuela*, pues, un juicio a un lenguaje y a una literatura falseados y viciados, ineficientes para transmitir las ideas y plantear una crítica metafísica del falso orden establecido, el cual enmascara una realidad más profunda y transcendente que ataña vitalmente a la criatura humana. «Hasta que no hagamos una crítica profunda del lenguaje de la literatura», asegura Cortázar, «no podre-

---

2 Sábato, *Fantasmas*, pág. 52.
3 Octavio Paz, *El laberinto de la soledad*, 2.ª edición rev. y aum. (México: Fondo de Cultura Económica, 1959), 172. [Citado en lo sucesivo como Paz, *Soledad*].

mos plantearnos una crítica metafísica, más honda sobre la naturaleza humana»[4]. En *Rayuela* hay un ataque directo al lenguaje en la medida en que

nos engaña prácticamente a cada palabra que decimos. Los personajes del libro se obstinan en creer que el lenguaje es un obstáculo entre el hombre y su ser más profundo. La razón es sabida: empleamos un lenguaje completamente marginal con relación a cierto tipo de realidad más honda, a la que quizá podríamos acceder si no nos dejáramos engañar por la facilidad con que el lenguaje todo lo explica o pretende explicarlo. ... Un determinado lenguaje que me parece falso, bastardeado, aplicando a fines innobles[5].

Un ejemplo en *Rayuela* que ilustra lo dicho por el autor y que deja bien sentado el intento de la novela es el capítulo 75. Oliveira está frente al espejo con el tubo de dentífrico y el cepillo de dientes en la mano. Comienza a recordar su patria, su vida en Buenos Aires, usando un lenguaje acicalado y pulido, bruñido con palabras escogidas, «un inmenso vocabulario perfectamente inútil por lo demás, *pulcro y distinguidísimo*, eso sí» (34:231) que refleja el habla del ambiente de la sociedad burguesa argentina, representación de la burguesía en general, especialmente la europea.

Había sido tan hermoso, en viejos tiempos, sentirse instalado en un estilo imperial de vida que autorizaba los sonetos, el diálogo con los astros, las meditaciones en las noches bonaerenses, la serenidad goethiana en la tertulia del Colón o en las conferencias de los maestros extranjeros. Todavía lo rodeaba un mundo que vivía así, que se quería así. ... Para sentir la distancia que lo aislaba ahora de ese columbario, Oliveira no tenía más que remedar, con una sonrisa agria, las decantadas frases y los ritmos lujosos del ayer, los modos áulicos de decir y de callar.

---

4 García Flores, «Siete respuestas», 11.
5 Harss, «Metafísica», pág. 69.

En Buenos Aires, capital del miedo, volvía a sentirse rodea-
do por ese discreto allanamiento de aristas que se da en
llamar buen sentido y, por encima, esa afirmación de sufi-
ciencia que engolaba las voces de los jóvenes y los viejos,
su aceptación de lo inmediato como lo verdadero, de lo vi-
cario como lo (75:444).

Llegado a este punto, Oliveira repite «como lo, como lo»,
tratando de encontrar la expresión justa y precisa en la
cual encajara la realidad que se escondía detrás de esa
vida inauténtica. La forma de expresión que se le ocurre
es la de las figuras, y soltándose la risa en la cara frente
al espejo que lo refleja como la imagen de todos sus com-
patriotas, comienza a transformar esa imagen en otra
que traduce más fielmente lo que está en el trasfondo
de este vivir codidiano falso y ostentoso: «En vez de meterse el cepillo en la boca lo acercaba a su imagen y mi-
nuciosamente le untaba la falsa boca de pasta rosa, le
dibujaba un corazón en plena boca, manos, pies, letras,
obscenidades, corría por el espejo con el cepillo y a golpe
de tubo, torciéndose de risa» (*Ibíd.*), de este modo, en un
esfuerzo por revelar una realidad más profunda por debajo del orden estético convencional, en un ataque a golpe
de tubo de dentífrico contra una sociedad hipócrita y
filisteísta que se escudaba muellemente detrás del bizan-
tinismo de un lenguaje falso y superficial.

En otras ocasiones Oliveira destruye la palabra en la
palabra misma, burlándose de su connotación ficticia y
engañosa, como cuando solía andar caviloso y se las pasa-
ba rumiando la cosa consigo mismo, dándole más vueltas
que un molino al «gran asunto»:

En esos casos Oliveira agarraba una hoja de papel y escribía las grandes palabras por las que iba resbalando su
rumia. Escribía, por ejemplo: 'El gran *h*asunto,' o 'la *h*encrucijada'. Era suficiente para ponerse a reír y cebar otro

mate con más ganas. 'La *h*umildad,' *h*escribía Oliveira. 'El *h*ego y el *h*otro.' Usaba las haches como otros la penicilina. Después volvía más despacio al asunto, se sentía mejor. 'Lo *h*importante es no *h*inflarse,' se decía *H*oliveira. A partir de esos momentos se sentía capaz de pensar sin que las palabras le jugaran sucio (90:473).

El lenguaje, es sabido ha sido una de las preocupaciones de los pensadores y escritores existencialistas; pues «una gran literatura se caracteriza por decir algo importante para el destino del hombre y por decirlo bien»[6]; es decir, que esa literatura incluirá no sólo interés por el problema existencial de la criatura humana sino cuidado por el medio de expresión usado, por lo demás, problema antiguo y de siempre. Pero como dice Morelli, «no se puede denunciar nada si se lo hace dentro del sistema al que pertenece lo denunciado» (99:509). Por lo tanto no sería lógico emplear el lenguaje de un orden considerado falso y caduco para denunciar ese orden y mucho menos para instalar uno nuevo. El lenguaje mismo estaría traicionándonos. Los cambios de estilo literario son reveladores de este hecho. Un ejemplo cercano y tal vez uno de los más lúcidos es el estilo esperpéntico valleinclanesco, como quizá el más acertado o único para denunciar la fachendosa condición histórica de España, «deformación grotesca de la civilización europea», como nos lo dice Max Estella, el personaje esperpéntico de *Luces de bohemia*[7], quien declara: «El sentido trágico de la vida española sólo puede darse con una estética sistemáticamente deformada»[8]. La realidad era un esperpento y sólo con un estilo esperpéntico podía denunciarse. Comenta Sábato:

---

[6] Sábato, *Fantasmas*, pág. 161.
[7] Ramón del Valle-Inclán, *Luces de Bohemia* (Madrid: Espasa-Calpe, S. A., 1961), 106.
[8] *Ibíd.*

El derrumbe de los mitos burgueses enfrentó al escritor con una realidad dramática que le exigió una voluntad de verdad y purificación más que de simple belleza. ... El acento, que en aquella literatura a menudo se colocaba sobre lo estético, ahora se ponía sobre lo ético y lo metafísico. ... La repugnancia que se siente hoy por la grandilocuencia o el preciosismo es en efecto, más ético que estético...; es parte de la vocación de autenticidad que anima al escritor contemporáneo, de su rechazo de todo lo que suene a falso y oropel, a mera 'literatura'. Nunca como en nuestro tiempo esta palabra ha despertado tanta desconfianza en los propios escritores[9].

Cortázar declara: «Siempre me ha parecido absurdo hablar de transformar al hombre si a la vez o previamente el hombre no transforma sus instrumentos de conocimiento. ¿Cómo transformarse si sigue empleando el lenguaje que ya utilizaba Platón?»[10]

De entre los novelistas situados en la corriente existencialista, los cuales tratan de salvar los posibles obstáculos del lenguaje podríamos citar como ejemplo a Kafka —quien emplea lo irracional y fantasmagórico con sentido metafísico, excediendo a Gogol— y a Camus, quien se refugia en lo mitológico para ilustrar lo que no tiene explicación ni se puede expresar esencialmente por medio de la palabra. Dostoevsky, Tolstoi, Unamuno recurren mayormente al desdoblamiento interior del personaje desde el fondo de una angustia existencial reveladora de una naturaleza irracional y una condición ambigua y enigmática. En general puede notarse en todos la preocupación por el problema de comunicación del hombre con una realidad misteriosa e inexplicable que va más allá de la captación por medios naturales y normales y de la palabra misma.

---

9 Sábato, *Fantasmas*, págs. 137-138.
10 Harss, «Metafísica», pág. 70.

Esta preocupación por la palabra lo llevó a Puttenham a sentir las palabras «como si fueran objetos, y hasta criaturas con vida propia» (93:485). A Oliveira se le aparecen las palabras en una perspectiva fantasmagóricamente cósmica, como una fuerza arrolladoramente irresistible, que puede ejercer dominio sobre los hombres con imperio de muerte: «También a mí, a veces, me parece estar engendrando ríos de hormigas feroces que se comerán el mundo» (Ibíd.). El vehículo usado en esta metáfora el de esas hormigas negras carniceras cuyo avance feroz no hay nada que lo detenga y que es el terror de las criaturas, refleja la convicción de Oliveira-Cortázar de las desastrosas consecuencias que proceden de un lenguaje falso que no responde al modo ontológico de ser del hombre existencial. Otras veces Oliveira ve las palabras como «perras negras»:

> Pero estoy solo en mi pieza, caigo en artilugios de escriba, las perras negras se vengan como pueden, me mordisquean desde abajo de la mesa. ¿Se dice abajo o debajo? Lo mismo te muerden. ¿Por qué, por qué, pourquoi, why, warum, perché este horror a las perras negras? (93:484).

Esta lucha en contra de las palabras que nos falsean y ocultan la verdadera realidad la refiere Oliveira en general a otros idiomas, significando así que «las perras negras» están en todas partes. Con el uso de diferentes lenguas en la novela (inglés, francés, alemán, latín, griego, portugués, italiano) el autor intenta dar una impresión de universalidad al problema existencial del hombre; como que el hombre, como criatura atormentada y problemática no reconoce distingo de raza y como que el problema del lenguaje es inclusivo de la incomunicación que sufre el hombre en todo lugar. La metáfora empleada, «perras negras», alude a la emisión de sonidos vanos, ladridos al viento, incomprensibles, sin significado ni entendimiento. Oliveira se refiere muchas veces a las palabras como «perras». Veamos esta cita, en un monólogo directo libre: «Oliveira de las perras. Rajá, jauría, tenemos que pensar, lo que se llama pensar, es decir sentir, situarse y confrontarse antes de permitir el paso de la más pequeña oración principal o subordinada» (93:485). De aquí que Oliveira piense más bien en un medio de comunicación pantomímico, que sea la expresión directa y espontánea del hombre, como debe sin duda haber sido en el Principio; algo así como «el dibujo, la danza, el macramé o una mímica abstracta» *(Ibíd.).* También a Morelli «le gustaría dibujar ciertas ideas» (66:425).

Dice Oliveira a Etienne, a quien le está contando un sueño: «Un día te voy a hacer un dibujo para que te des cuenta» (100:514). Horacio no se sentía capaz aún de interpretar el modo de ser de la Maga a menos que fuera por medio de algún signo o figura: «Sin que ella lo supiera, la razón de sus lágrimas o el orden de sus compras o su manera de freír las papas eran signos» (98:499) que la explicaban, que la definían sin palabras. «Y no le hablo con las palabras que sólo han servido para no entendernos, ahora que ya es tarde empiezo a elegir otras, las de ella, las envueltas en eso que ella comprende y no tiene nombre» (21:116). También Talita dice:

> Venía de un territorio donde las palabras eran como los locos en la clínica, entes amenazadores o absurdos viviendo una vida propia y aislada, saltando de golpe sin que nada pudiera atajarlos (47:334).

La preocupación del lenguaje en *Rayuela* es existencial, siendo que está basada en el interés por establecer una verdadera comunicación del hombre consigo mismo, con los demás y con el mundo que lo rodea. Refiriéndose al escritor Morelli, Oliveira observa: «Inevitable que una parte de su obra fuese una reflexión sobre el problema de escribirla. Se iba alejando así cada vez más de la utilización profesional de la literatura» (99:501), y ello mayormente por estar convencido que la faena del acto creador debe estar inspirada tanto en el arte mismo como en el destino de la criatura humana:

> Sigo tan sediento de absoluto..., pero la delicada crispación, la delicia ácida y mordiente del acto creador o de la simple contemplación de la belleza, no me parecen ya un premio, un acceso a una realidad absoluta y satisfactoria. Sólo hay una belleza que todavía puede darme acceso: aquella que es un fin y no un medio, y que lo es porque su creador ha identificado en sí mismo su sentido de la condición humana con su sentido de la condición de artista. En cambio el plano meramente estético me parece eso: meramente (112:539).

Morelli sigue convencido de «que si el escritor sigue sometido al lenguaje que le han vendido junto con la ropa que lleva puesta y el nombre y el bautismo y la nacionalidad, su obra no tendrá otro valor que el estético, valor que el viejo parece despreciar cada vez más» (99:509). Morelli tenía la sospecha «que toda idea clara era siempre error o verdad a medias, desconfiando de las palabras que tendían a organizarse eufónica, rítmicamente, con el ronroneo feliz que hipnotiza al lector después de haber hecho su primera víctima en el escritor mismo» (99:502), «sin entrar... con el buen pie en la casa del hombre» (*Ibíd.*). De aquí que «los personajes de Morelli desconfían de sí mismos en la medida en que se sienten como dibujados por su pensamiento y su discurso y temen que el dibujo sea engañoso» (99:500). Oliveira siente lo mismo:

> Stop. ... ¿Por qué stop? Por miedo a las fabricaciones, son tan fáciles. Sacás una idea de ahí, un sentimiento del

otro estante, los atás con ayuda de palabras, perras negras,
y resulta que te quiero. Total parcial: te quiero. Total
general: te amo. ... De la palabra a los actos, che; en
general sin verba no hay res» (93:484).

Se podía seguir enhebrando palabras, lo de siempre (23:
132).

No hagamos literatura. ... No saquemos a relucir las perras
palabras, las proxenetas relucientes (23:149 y 150).

Tanta palabra para lavarse de otras palabras, tanta suciedad para dejar de oler a Piver, a Caron, a Carven, a d.J.C.
Quizá haya que pasar por todo eso para recobrar un derecho perdido, el uso original de la palabra. El uso original
de la palabra (?). Probablemente una fase hueca (113:540).

Debemos hacer un apartado para referirnos al empleo
tan reiterado en *Rayuela* de palabras y expresiones en
inglés. En este momento del mundo es el inglés, como
lengua de los americanos del Norte, el idioma que en
general traduce más significativamente el modo de pensar y de vivir del hombre contemporáneo. (Lo mismo
ocurrió con el español en los siglos xvi y xvii, cuando
España gozó de la primacía en Europa, y con el francés
en el siglo xviii y con el inglés y el francés en el
siglo xix, en que Inglaterra y Francia alcanzaron la
hegemonía dentro y fuera de Europa.) En el siglo xx se
vive en casi todas partes del mundo influenciado por el
modo de vivir y de hablar de los americanos, y el lenguaje
local no establece siempre una comunicación inteligible.
Por esto en *Rayuela*, cuyo protagonista es el símbolo del
hombre contemporáneo, creemos que se emplean palabras
en inglés y expresiones inglesas como un estilo connotativo
de las ideas y de las actitudes del momento, representan-
do de este modo, a lo vivo, la contemporaneidad de los
personajes de la novela y la actualidad de sus problemas.
En cuanto al frecuente empleo que se hace también del
francés en la novela, no es por universalidad sino más

bien para traducir mejor y con más realismo la vida de
los personajes en París, escenario de la primera parte de
la novela.

Volviendo al tema, hay una cita en las notas de Morelli,
que «aludía suzukianamente al lenguaje como una especie
de exclamación o grito surgido directamente de la experiencia interior» (95:489):

> Otro papelito continuaba la cita suzukiana en el sentido de
> que la comprensión del extraño lenguaje de los maestros
> significa la comprensión de sí mismo por parte del discípulo
> y no la del sentido del lenguaje. ... El lenguaje del maestro
> Zen transmite ideas y no sentimientos o intenciones (94:
> 490).

Morelli al iniciar al lector en una búsqueda existencial, lo hace desde el lenguaje mismo. No se trata de
una literatura deshumanizada; es decir, sólo como un
espejo del arte, sino una literatura que llegue a ser «un
pasaje para la ansiedad metafísica» (112:539) y para la
visión de «una realidad que creemos verdadera, que
creemos alcanzable en alguna parte del espíritu» (99:
504). Además, una literatura que logre poner al lector
«en contacto con un mundo personal, con una vivencia
y una meditación personales» (97:497), lo que significa
situarlo en el trance de la realización de su ser existencial. Por otra parte, «no se puede revivir el lenguaje si no
se empieza por intuir de otra manera casi todo lo que
constituye nuestra realidad. Del ser al verbo, no del verbo
al ser» (99:503). Por consiguiente, el proyecto experimental de la novela que Morelli está escribiendo es esencialmente existencialista, por lo mismo que está planteado en términos del hombre mismo.

En el capítulo 66 de *Rayuela* se nos da una magnífica
ilustración del plan ideográfico de Morelli para represen-

tar sus ideas (si bien recurriendo al lenguaje mismo) y
sugerir al lector la posibilidad de una visión, de una
epifanía. Se trata de una página de un libro inconcluso
de Morelli, la cual está cubierta enteramente de la frase:
«En el fondo sabía que no se puede ir más allá porque
no lo hay». Esta frase se repite sin comas, ni puntos, ni
márgenes, cubriendo por completo la página, «dando la
impresión de un muro, de un impedimento. ... De hecho
un muro de palabras ilustrando el sentido de la frase, el
choque contra una barrera detrás de la cual no hay nada».
La página escrita de este modo funciona como símbolo de
la frase que en ella se repite. Pero he aquí que desde el
lenguaje mismo se alcanza a vislumbrar en la figura metafórica de la página-muro enladrillada de palabras un
hueco cerca del fin a la derecha, producido por la falta
de un pedacito de la arcilla lingüística, el monosílabo «lo»
de la frase escrita. Ello hace que la frase quede así: «En el
fondo sabía que no se puede ir más allá porque no hay».
«Un ojo sensible descubre el hueco entre los ladrillos, la
luz que pasa». Queda con el lector vislumbrar la posibilidad de un pasaje que conduzca a algo que satisfaga la
ansiedad metafísica del hombre:

> Morelli había esperado que la acumulación de fragmentos
> [dibujos] cristalizara bruscamente en una realidad total.
> Sin tener que inventar puentes [palabras] o coser los dife-
> rentes pedazos del tapiz [literatura]. ... Más bien parecía
> buscar una cristalización en la que nada quedara subsumi-
> do, pero donde un ojo lúcido pudiese asomarse al calidos-
> capio y entender la gran rosa policroma, entenderla como
> una figura, *imago mundis* que por fuera del calidoscopio
> se resolvía en living room de estilo provenzal, o concierto
> de tías tomando té con galletitas Bagley (109:533).

La figura del calidoscopio, para representar una visión
prismática pura de la realidad, se emplea en el incidente

de los policías con la clocharde y Oliveira. Los vigilantes al sorprender a Oliveira y a la Emmanuèle haciéndose indecorosamente el amor los llevan presos empujándolos dentro del camión. Desde sus asientos en el frente los pederastas se dan vuelta: «riéndose como locos miraban a Emmanuèle en el suelo y a Oliveira» (36:252). Entonces:

El otro pederasta había sacado un tubo de latón del bolsillo y miraba por un agujero, sonriendo y haciendo muecas. El pederasta más joven le arrebató el tubo y se puso a mirar. 'No se ve nada, Jo', dijo. 'Sí que se ve rico', dijo Jo. 'No, no, no, no'. 'Sí que se ve, sí que se ve. LOOK THROUGH THE PEEPHOLE AND YOU'LL SEE PATTERNS PRETTY AS CAN BE'. 'Es de noche, Jo'. Jo sacó una caja de fósforos y encendió delante del calidoscopio. Chillidos de entusiasmo, patterns pretty as can be (36:252 y 253).

Oliveira reflexiona:

El Oscuro tenía razón, un camino al kibbutz, tal vez el único camino al kibbutz, eso no podía ser el mundo, la gente agarraba el calidoscopio por el mal lado ... y un día alguien vería la verdadera figura del mundo, patterns pretty as can be, y tal vez, empujando la piedra, acabaría por entrar en el kibbutz (36:253).

Oliveira, contestando a Perico sobre el valor que tenía «la ruptura de eso que llamas elemento expresivo para alcanzar mejor la cosa expresable» (99:510), le dice: «Probablemente no servirá para nada... pero nos hace sentirnos un poco menos solos [menos incomunicados] en este callejón sin salida al servicio de la Gran-Infatuación-Idealista-Realista-Espiritualista-Materialista del Occidente, S.R.L.» *(Ibid.)*.

La talación que hace Morelli del lenguaje en el libro que está escribiendo y la instauración de un «sistema de coordenadas» o figuras para reemplazarlo funciona como símbolo de la destrucción de cierto orden humano equivocado y de la búsqueda de algo de más valor, que se ansía desesperadamente y para cuya consecución hay que quitar de en medio lo que impide, lo que inhibe. «Es imposible enjuiciar la literatura de nuestro tiempo si no se lo hace en relación con la crisis general de la civilización, crisis que no es meramente la crisis de un sistema económico sino el colapso de toda una concepción del hombre y de la realidad:»[11]

> Pero el misterio empezaba allí porque al mismo tiempo que se presentía el nihilismo total de la obra, una intuición más demorada podía sospechar que no era esa la intención de Morelli, que la autodestrucción virtual en cada fragmento del libro era como la búsqueda del metal en plena ganga (141:604).

Por todo lo dicho vemos que el lenguaje está tratado en *Rayuela* con sentido existencial y que se desliza paralelamente a los temas existencialistas de la novela, los cuales estudiaremos en la segunda parte de este trabajo, como el otro riel del montaje existencial sobre el cual ambos corren.

Antes de cerrar este capítulo sobre el lenguaje en *Rayuela* como problema de expresión de lo existencial, vamos a referirnos a aquellos casos lingüísticos que forman parte de la estructura de la novela. Por ejemplo, en su guerra en contra de la palabra, Oliveira ataca las expresiones clisé, las «frases preacuñadas para transmitir ideas archipodridas» (34:227). Hace ironía de ellas empleando un recurso estilístico tipográfico; esto es, escribiendo las palabras como si fueran una sola, dan a entender con ello que están gastadas. Lo mismo quiere indicar al separar las palabras con guiones.

---

[11] Sábato, *Fantasmas*, pág. 56.

El mismo Dire escuchaba respetuoso el new deal resumido en términos tales como higiene, disciplina, *diospatriayhogar* (52:358).

La noticia *corriócomounreguerodepólvora*, y prácticamente todo el público estaba allí a las diez de la noche (96:492). Babs lo miraba admirada y *bebiendosuspalabrasdeunsolotrago* (99:506).

Perico condescendía a admitir que *para-ser-hembra-la-Maga-se-las-traía* (4:39).

Daddy-ordered-it, so-you-better-beat-it-you-lousy-sinners (28:172).

Aunque sin atreverse a apoyarlo abiertamente, la Cuca y Ferraguto estaban-pendientes-de-sus-palabras (50:349).

También Oliveira, en un rebelde deseo de no someterse a la palabra la ataca, o destruyéndola en la palabra misma por adición de letras o creando un nuevo vocablo. El nuevo vocablo resulta, ya de la combinación de palabras previas (jitanjáforas impuras) ya por combinaciones ininteligibles (Jitanjáforas puras). A éstas pertenece el lenguaje glíglico. Del glíglico, además de los ejemplos que aparecen más adelante, damos aquí la cita de los dos casos más ilustrativos que aparecen en la novela: 20:14 y 68:428, ambos referidos al amor sexual. Generalmente todas estas formas se emplean en la novela con sentido connotativo e ironizador, sirviendo a la vez para la yuxtaposición de lo serio y lo cómico, una constante de la narrativa de Cortázar.

Veamos los ejemplos siguientes:

(«h») El hachismo es un caso muy frecuente en *Rayuela*. Horacio lo usa generalmente para ironizar la grandielocuencia o la presunción y el orgullo.

Intimidad, qué palabra, ahí nomás dan ganas de meterle la hache fatídica (78:448).
He aquí que por una parte te has desconectado deliberada-

mente de un vistoso capítulo de tu vida, ... y a la vez, oh *h*idiota contradictorio, te rompés literalmente para entrar en la *h*intimidad de los Traveler, ser los Traveler, *h*instalarte en los Traveler, circo *h*incluido (78:450).
Escribía, por ejemplo: 'El gran *h*asunto', o 'la *h*encrucijada' ... La *h*unidad, *h*escribía *H*oliveira. 'El *h*ego y el *h*otro'. Usaba las haches como otros la penicilina. ... Lo *h*importante es no *h*inflarse (90:473).

(«k») En el ejemplo siguiente se da el empleo de la «k» junto con la omisión o el cambio de otras letras; pero estamos llamando la atención especialmente al kaísmo:

En nuestro *k*ara*k*ter de biógrafos e istoriadores debemos romper *k*on los es*k*rúpulos. ... El desaparecido *k*reía en bida futura. Si lo *k*onfirmó, *k*e aya en eya la felicidad *k*e, aun*k*e *k*on distintas *k*ara*k*terísticas, anelamos todos los umanos (69:430).

(«ch») En el siguiente juego de palabras:

Caminar con un propósito que ya no fuera el camino mismo. De tanta *cháchara* (qué letra, la *ch*, madre de la *chancha*, el *chamame* y el *chijete*) no le quedaba más resto que esa entrevisión (48:340).

La «C», la «Cl», la «J» y también la «H» aparecen en jitanjáforas en los juegos del cementerio:

(«c»):

En esas noches, si abrían el cementerio les caían cosas como *cisco, cisticerco, ¡cito!, cisma, cístico* y *cisión* (40:272).

(«cl»):

Hartos del *ciente* y de sus *cleonasmos*, le sacaron el *clíbano* y el *clípeo* y le hicieron tragar un *clica*. Luego le aplicaron un *clistel clínico* en la *cloaca*, aunque *clocaba* por tan *clivoso* ascenso de agua mezclada con *clinopodio*, revolviendo los *clisos* como *clerizón clerótico* (41:279).

(«j»):

Joder —dijo admirativamente. Pensó que también *joder* podía servir como punto de arranque, pero lo decepcionó descubrir que no figuraba en el cementerio; en cambio en el *jonico* estaban *jonjobando* dos *jobs,* ansiosos por *joparse;* lo malo era que el *jorbín* los había *jomado, jitándolos* como *jocós* apestados (41:279).

(«h»):

... jugando con el *hallulla,* el *hámago,* el *halieto,* el *haloque,* el *hamez,* el *harambel,* el *harbullista,* el *harca* y la *harija* (40:270).

Otro ejemplo de jitanjáfora pura es éste:

U Nu,
U Tin,
Mya Bu,
Thado Thiri Thudama U E Maung,
Sithu U Cho,
Wunna Kyaw Htin U Khin Zaw,
Wunna Kyaw Htin U Thein Han,
Wunna Kyaw Htin U Myo Min,
Thiri Pyanchi U Thant,
Thado Maha Thray Sithu U Chan Htoon (41:280).

Oliveira intenta dar la interpretación de esta jitanjáfora que acaba de escribir, basada en una publicación que encuentra entre unas notas de Morelli:

Los tres Wunna Kyaw Htin son un poco monótonos ... Debe significar algo como ¡Su excelencia el Honorabilísimo!' Che, qué bueno es lo de Thin Pyanchi U Thant, es lo que suena mejor.
¿Y cómo se pronuncia Htoon? (41:280 y 281).

Ejemplos de transformación de la palabra por combinación de palabras previas (jitanjáfora impura), como es el caso cuando Oliveira recurre a la jitanjáfora para traducir la impenetrabilidad de la comunicación por medio de la palabra entre él y Traveler:

> Si empezaba a tirar del ovillo iba a salir una hebra de lana, metros de lana, *lanada, lanagnórisis, lanatúrner, lannapurna lanatomía, lanata, lanatalidad, lanacionalidad, lanaturalidad,* la lana hasta *lanáusea* pero nunca el ovillo (52:358).

Y también, cuando Oliveira no puede traducir el asco que le produce la realidad incoherente y estólida que le rodea:

> Ah mierda, mierda, hasta mañana maestro, mierda, mierda, infinitamente mierda, sí, a la hora de la visita, interminable obstinación de la mierda por la cara y por el mundo, mundo de mierda, le traeremos fruta, *archimierda de contramierda, supermierda de inframierda, remierda de recontramierda* ... (154:628).

Lo perennemente cotidiano en todo lugar y en todas partes, puede darse, como en el ejemplo que sigue, por medio de una enumeración en que las palabras desdoblan su significado en otros idiomas. Una vez más observamos el sentido de universalidad del uso de diferentes idiomas en la novela:

> ... y los gatos, siempre inevitablemente los minouche, morrongos miaumiau kitten kat chat cat gatto grises y blancos y negros y de albañal, dueños del tiempo y de las baldosas tibias (4:37 y 38).

A veces a Oliveira no le alcanza la palabra habitual para expresar la emoción que está por estallar. Entonces la fuerza emotiva se traduce en múltiples vocablos, a manera de imágenes comprimidas, como sucede en el instante amoroso de la fusión de cuerpos. Veamos el ejemplo siguiente:

> Sí, en el instante de la animalidad más agachada, ... ahí se dibujan las figuras iniciales y finales, ahí ... saltan los genes y las constelaciones, todo se resume alfa y omega, coquille, cunt, concha, con, coño, milenio. Armagedón, terramicina ... Qué silencio tu piel, qué abismos donde ruedan dados de esmeralda, cínifes y fénices y cráteres (144: 613).

También se da el caso que Oliveira cambia el orden de las letras para dar mayor énfasis al pensamiento, a fin de reproducirlo como con un dibujo:

> Como si se pudiese elegir en el amor, como si no fuera un rayo que te parte los huesos y te deja estaqueado en la mitad del patio. Vos dirás que la eligen porque-la-aman, yo creo que al *vesre* [en vez de revés] 93:484).

SEGUNDA PARTE

I. ABSURDO E INAUTENTICIDAD

Toda *Rayuela* es una lucha contra lo absurdo y lo inauténtico. Por ello es fundamentalmente una obra donde el énfasis está puesto en los problemas del hombre y su destino, lo cual también orienta la novela hacia una búsqueda, la de un nuevo orden que abra las puertas de una existencia auténtica y de un conocimiento más profundo como respuesta a grandes interrogantes.

Es obvio que el concepto del absurdo ha cambiado, especialmente a partir de la segunda mitad del siglo XX, cuando empiezan a perfilarse ciertos cambios en el concepto de otros temas existenciales como la muerte, el amor, la soledad, según veremos más adelante. En la nueva corriente de la literatura el tema del absurdo ya no es visto enteramente desde el punto de vista camusiano o sartreano, como la experiencia de «náusea» («absurdo trágico»), resultado de la confrontación del hombre con el mundo que le rodea y con la muerte. Este concepto del «absurdo trágico» es, en rigor, el fundamental del pensamiento existencialista filosófico y literario de Alberto Camus. En *Rayuela* el concepto del absurdo sigue otra corriente. En filosofía, la iniciada sistemáticamente por Martín Heidegger *(Sein und Zeit)* al tratar con la autenticidad y la inautenticidad del hombre, pensamiento central en la ontología heideggereana. El absurdo para Heidegger está basado ontológicamente en el modo de vida inauténtico del hombre, el estilo de vida que el hombre adopta al descuidar sus posibilidades entregándose a las banalidades del presente instantáneo (corresponde a la existencia trivial del «hombre masa» orteagueano). Fenomenológicamente Heidegger llama al fenómeno de la inautenticidad, *Verfallen* (caída o decadencia).

En literatura, la corriente del concepto del absurdo que *Rayuela* sigue de cerca es la del teatro del absurdo, de Eugène Ionesco,[1] cuyo principal interés está en satirizar el estilo de vida inauténtico del hombre contemporáneo. Denuncia la estupidez y la mediocridad, por medio de una realidad ambiental que distorsiona hasta el punto de convertirla en disparate («absurdo humorístico»). En *Rayuela*, Oliveira dice:

> Lo absurdo es creer que podemos aprehender la totalidad de lo que nos constituye ... e intuirlo como algo coherente, algo aceptable ... Cada vez que entramos en una crisis es el absurdo total. ... Pero esas crisis son como mostraciones metafísicas. ... Sirven para mostrar el verdadero absurdo, el de un mundo ordenado y en calma ... sin que realmente nada de eso tenga el menor sentido como no sea el hedónico, lo bien que estamos al lado de esta estufita ... Los mila-

---

[1] Eugène Ionesco, dramaturgo francés, nacido en Bucarest, Rumanía, en 1912. Sus comedias se refieren generalmente a la falta de entendimiento entre los hombres (*The World Book Encyclopedia*, Chicago: Field Enterprises Educational Corporation, 1967).

gros nunca me han parecido absurdos; lo absurdo es lo que los precede y los sigue (28:195 y 196).

El absurdo es que no parezca absurdo ... El absurdo es que salgas por la mañana a la puerta y encuentres la botella de leche en el umbral y te quedes tan tranquilo porque ayer te pasó lo mismo y mañana te volverá a pasar. En ese estancamiento, ese así sea, esa sospechosa carencia de excepciones (28:197).

El episodio de la búsqueda del terrón de azúcar, que aparece de entrada en el primer capítulo de la novela es muy significativo del absurdo del comportamiento del hombre frente a una realidad falsa y convencional. El trasfondo del incidente es el siguiente: Horacio Oliveira está reflexionando fuera del tiempo sobre una diversidad de asuntos que por asociación van acudiendo a su memoria: De este modo pasa a imaginar a la Maga «mirando aplicadamente el suelo hasta encontrar un pedazo de género rojo. Si no lo encuentra seguirá así toda la noche, revolverá en los tachos de basura..., convencida de que algo horrible le va a ocurrir si no encuentra esa prenda de rescate (1:21). En relación con esto Oliveira cuenta (1:21-23) que a él le ocurre algo semejante: desde que era niño, apenas se le cae algo en el suelo tiene que levantarlo so pena de caer en una desgracia uno de sus seres queridos, aquél cuyo nombre comienza con la letra del objeto caído. Una noche, estando en un restaurante con Ronald y Etienne, dos amigos del Club de la Serpiente, se le cayó un terrón de azúcar el cual rodó hasta debajo de una mesa lejos de la suya. Oliveira notó lo extraño que era que un terrón de azúcar rodara, cuando lo normal hubiera sido que quedara plantado en el lugar de su caída. Entonces se tiró al suelo y empezó a buscar el terrón de azúcar. Todos creían que estaba buscando algo de suma importancia. Lo mismo el mozo del restaurante, quien se acercó a Oliveira pensando que se le «había caído algo precioso, una Parker o una dentadura postiza» (1:22). En seguida se tiró también al suelo para ayudarle a buscar el objeto perdido. «Ya éramos dos cuadrúpedos moviéndonos entre los zapatos-gallina que allá arriba empezaban a cacarear como locas» *(Ibíd.)*. Debajo de una de las mesas, Oliveira, respondiendo a las preguntas del mozo, le dijo que lo que estaba buscando era un terrón de azúcar, lo cual indignó al mozo que se levantó furioso. Al fin Horacio encontró el azúcar «escondido detrás de una pata Segundo Imperio. Y todo el mundo enfurecido, hasta yo con el azúcar apretado en la palma de la mano y sintiendo cómo se mezclaba con el sudor de la piel, cómo asquerosamente se deshacía en una especie de venganza pegajosa, esa clase de episodios todos los días» (1:23).

Esta narración de «esa clase de episodios todos los días», dada por medio de una situación irracional y disparatada (absurdo humorístico), funciona como símbolo de una realidad más profunda. Presentada en el mismo comienzo del libro puede muy bien considerarse como un índice críptico del motivo central de la novela y del estilo de la misma. El modo de vida inauténtico del hombre contemporáneo se debe mayormente a su inclinación patológica por los objetos, por las «cosas», convirtiéndose en una víctima de la «cosidad».[2] Aplastado como se ve por una civilización mecánica que no le deja ser libre para tener un sentido alerta y comprensivo de sí mismo y de la realidad, de una realidad esencialmente infinita, el hombre actual se siente acosado por una nueva lacería, la interior, que le hace sentirse enfermo del espíritu. Experimenta, consciente o inconscientemente hambre de infinito, ansia de eternidad, de algo que sea la contraparte de esa vida materializada, meca-

---

2 Sábato, *Fantasmas*, 139.

nizada. La visión de una vida auténtica está interferida por lo que llamaríamos «ficización» o «cosificación». La fascinante e influyente tecnología no puede dar cuenta de lo subjetivo de la criatura humana, de sus emociones, de su razón y modo contingente de ser. Oliveira lo explica así:

> Yo diría para empezar que esta realidad tecnológica que aceptan hoy los hombres de ciencia y los lectores de *France-Soir*, este mundo de cortisona, rayos gamma y elución del plutonio, tiene tan poco que ver con la realidad como el mundo del *Roman de la Rose*. Si se lo mencioné hace un rato a nuestro Perico, fue para hacerle notar que sus criterios estéticos y su escala de valores están más bien liquidados y que el hombre, después de haberlo esperado todo de la inteligencia y el espíritu, se encuentra como traicionado, oscuramente consciente de que sus armas se han vuelto contra él, que la cultura, la civiltà, lo han traído a este callejón sin salida donde la barbarie de la ciencia no es más que una reacción muy comprensible (99;506-507).

La vida es contradictoria y paradójica y no puede ni ser explicada por el racionalismo científico ni encontrar satisfacciones verdaderas en la tecnología. Horacio Oliveira ironiza humorísticamente la civilización del hombre occidental con su progreso tecnológico incapaz de lograr lo verdadero y eterno del hombre, si bien satisface a «gentes razonables»: «Tout va très bien, madame la Marquise, tout va très bien, tout va très bien» (71:435):

> Cada reunión de gerentes internacionales, de hombres-de-ciencia, cada nuevo satélite artificial, hormona o reactor atómico aplastan un poco más estas falaces esperanzas. El reino será de material plástico, es un hecho. ... Será un mundo delicioso, a la medida de sus habitantes, sin ningún mosquito, sin ningún analfabeto, con gallinas de enorme tamaño y probablemente de dieciocho patas, exquisitas todas ellas, con cuartos de baño telecomandados, agua de distintos colores según el día de la semana, una delicada

atención del servicio nacional de higiene, con televisión
en cada cuarto ... compensaciones sutiles que conformarán
todas las rebeldías, etc. Es decir, un mundo satisfactorio
para gentes razonables (71:435-436).

Pero a continuación Oliveira se pregunta: «¿Y quedará
en él alguien, uno solo, que no sea razonable?» *(Ibíd.).*
¿Uno que no ceda al «gran olvido negro» (71:434) y al
empuje unido de la tecnología y del intelectualismo, con
su máquina demoladora de la realización existencial del
hombre, arando las huellas del regreso hacia el Origen?
La adquisición, pues, impaciente y a todo precio de
sacrificio personal, del hombre por las cosas materiales
y temporales en la realidad ambiente, está metafóricamente representada por esa búsqueda desesperada, su-
persticiosa y absurdamente ridícula de Oliveira de una
cosa insignificante y efímera como un terrón de azúcar.
«Empecé a buscar el terrón... creyendo (y con razón)
que se trataba de algo importante» (1:22). El terrón de
azúcar es el símbolo a su vez de una realidad que pretende ser verdadera y luego que la vivimos, que nos adue-
ñamos de ella se nos deshace. Entonces se nos revela el
absurdo de haberla creído coherente y normal. De este
modo, por medio del símbolo de una situación estúpida-
mente absurda se ridiculiza la vida inauténtica del
hombre contemporáneo.
Este sentido de la cosidad que domina al hombre actual y que es causa primaria de su modo de vivir inauténtico, lo encontramos muchas veces mencionado en
Rayuela. Está referido al absurdo de una vida artificial
montada sobre un orden tecnológico que mecaniza las
relaciones del hombre con el hombre y con el mundo
que le rodea. Oliveira se siente una víctima sufriente del
absurdo de esa cosidad, con la cual se tropieza constantemente en su relación con cualquier aspecto de la vida

diaria. Además, también se rebela contra la aridez, monotonía y plasticidad de lo cotidiano, de la «Gran Costumbre» y contra el absurdo de las abstracciones de un cierto orden inauténtico. Su visión de la realidad es pura: desde el extremo de una lucidez rigurosa de la realidad y del absurdo de una existencia sin sentido («de la inmensa burrada en que estamos metidos todos» 71:432) trata de mostrarnos el extremo opuesto, el de un nuevo orden,

> algo que no se vive ni se analiza porque *es así* y nos integra, completa y robustece. ... hasta una reconciliación total consigo mismo y con la realidad. ... Sin conciencia razonante aprehender una unidad profunda, algo que fuera por fin como un sentido de eso que ahora era nada más que estar ahí tomando mate y ...» (19:99);

algo que fuera una evidencia de que «nada está perdido si se tiene el valor de proclamar que todo está perdido y que hay que empezar de nuevo» (71:433).

La Maga alude a este espíritu rigurosamente lúcido de Oliveira diciéndole: «Vos sos más bien un Mondrian» (19:95); es decir «un espíritu lleno de rigor» *(Ibíd.)*. «Mondrian es una maravilla, pero sin aire. Yo me ahogo un poco ahí adentro. Y cuando vos empezás a decir que habría que encontrar la unidad, yo entonces, veo cosas muy hermosas pero muertas, flores disecadas y cosas así» *(Ibíd.)*. La Maga recurre a otro símil para explicarse: «Sos, como un médico, no como un poeta» *(Ibíd.)*. En verdad, la Maga, sin proponérselo ha empleado los dos términos que califican a ambos respectivamente: Horacio es como un médico que todo lo analiza, y sin analizar no ve nada ni está seguro de nada. La Maga es como un poeta que lo intuye todo, y sin la intuición no se puede orientar.

En un diálogo entre Gregorovius y la Maga, ésta,

refiriéndose a la extrema sensibilidad de Horacio por
todo lo que le rodea comenta:

> M.—Me dijo unas cosas muy raras, que era infecto usar
> *cosas* que en realidad uno no conoce, *cosas* que han
> inventado otros para calmar otras cosas que tampoco
> se conocen. ... Usted sabe como es cuando empieza a
> darle vuelta.
> G.—Una víctima de la cosidad es evidente.
> M.—¿Qué es la cosidad?
> G.—La cosidad es ese desagradable sentimiento de que allí
> donde termina nuestra presunción empieza nuestro
> castigo. Oliveira es patológicamente sensible a la im-
> posición de lo que le rodea, del mundo en que se vive,
> de lo que le ha tocado en suerte, para decirlo amable-
> mente. En una palabra, le revienta la circunstancia.
> Más brevemente, le duele el mundo (17: 83-84).

Todo era para Oliveira como un absurdo terrón de azúcar
que apenas se tocaba «asquerosamente se deshacía en una
especie de venganza pegajosa».

> Se me ocurría como una especie de eructo mental que todo
> ese abecé de mi vida era una penosa estupidez. ... Era
> siempre yo y mi vida, yo con mi vida frente a la vida de los
> otros. ... No había querido fingir como los bohemios al uso
> que ese caos de bolsillo era un orden superior del espíritu
> o cualquier otra etiqueta igualmente podrida, y tampoco
> había querido aceptar que bastaba un mínimo de decencia
> ... para salir de tanto algodón manchado. ... El mundo
> seguía siendo algo petrificado y establecido, un juego de
> elementos girando en sus goznes, una madeja de calles y
> árboles y nombres y meses. No había un desorden que
> abriera puertas al rescate, había solamente suciedad y
> miseria (2: 25-26 y 27).

Además en este relato simbólico de comienzo está implícito el final metafísico de la novela: el fracaso de
una búsqueda. Aunque no le diríamos fracaso más que
objetivamente, pues si bien *Rayuela* no resuelve nada,

en cambio lo denuncia todo, dejando subjetivamente el camino abierto para seguir buscando y sugiriendo la posibilidad de una Verdad, de un Orden, que acabe con el obsurdo que nos envuelve, «Habría que vivir de otra manera», pensó Oliveira. «¿Y qué quiere decir vivir de otra manera? Quizá vivir absurdamente para acabar con el absurdo» (22:120). «Sólo viviendo absurdamente se podría romper alguna vez este absurdo infinito» (23:123).

> Internarse en una realidad o en un modo posible de una realidad, y sentir cómo aquello que en primera instancia parecía el absurdo más desaforado, llega a valer, a articularse con otras formas absurdas o no, hasta que del tejido divergente surge y se define un dibujo coherente ... (97:497).
>
> Todo desorden se justificaba si tendía a salir de sí mismo, por la locura se podía acaso llegar a una razón que no fuera esa razón cuya falencia es la locura. 'Ir del desorden al orden', pensó Oliveira. 'Sí, ¿pero qué orden puede ser ese que no parezca el más nefando, el más terrible, el más insanable de los desórdenes?' (18:93-94).

El tema del absurdo con referencia a una existencia efímera de la cual es corolario esa falsa realidad, que «asquerosamente se deshacía» al tocarla, fue objeto de especial reflexión de Oliveira en cierta ocasión en que él y Pola se encontraron en el barrio latino de París, y Pola, rodeada de medio mundo, miraba la vereda (64:420). Dos muchachos y una chica indochina hacían dibujos en la vereda con tizas de colores: un perfil de Napoleón, la catedral de Chartres y un motivo de la naturaleza representado por una yegua y un potrillo en un campo verde. La gente daba voluntariamente dinero a los pintores, y cada vez que la muchacha indochina retocaba el dibujo, se aumentaban las dádivas. Mirando el esfuerzo de los artistas, Pola comenta:

«Tanto trabajo y esta noche vendrán los barrenderos y se acabó.» A lo que Oliveira contesta:

> Sólo termina de veras lo que recomienza cada mañana ...
> Estos cuadros no se han borrado nunca. Cambian de vereda
> o de color, pero ya están hechos en una mano, una caja de
> tizas, un astuto sistema de movimientos. En rigor, si uno
> de estos muchachos se pasara la mañana agitando los
> brazos en el aire, merecería diez francos con el mismo
> derecho que cuando dibuja a Napoleón. Pero necesitamos
> pruebas. ... En el fondo esas monedas las ponemos en
> la boca de los muertos, el óbolo propiciatorio. Homenaje
> a lo efímero, a que esa catedral sea un simulacro de tiza
> que un chorro de agua se llevará en un segundo ... Paga-
> mos la inmortalidad ... *No money, no cathedral* (64:420-421).

Se trata aquí de un dibujo que, aunque de diferente intencionalidad que el de la rayuela dibujada también en la acera, alcanza en este caso el mismo sentido simbólico. Este dibujo que Pola mira muy interesada describe figuras objetivas, desde tres realidades básicas de la vida del hombre: la histórica, la religiosa y la de la naturaleza. En la rayuela de la novela, aunque hay un trazo objetivo lineal, no adquiere la categoría de figura significante más que simbólicamente por quien la juega, según va generando subjetivamente un diseño, en su esfuerzo progresivo existencial por realizarse, hasta alcanzar la casilla «Cielo». Pero los dos trazos o figuras son símbolos de una misma realidad: el absurdo de un esfuerzo sin sentido, cuya suerte es la aniquilación total; en la una, por la barredora del amanecer, en la otra, por la muerte que contingentemente pone fin al avance realizado. Esta efimeridad de la existencia humana conduce a la evasión por la acción, una acción que generalmente «no responde a una especie de aquiescencia a lo que creemos bueno y verdadero» (28:198), sino que es el resultado del absurdo de una vida inauténtica, falsa, banal y sin sentido. Oliveira reflexiona de este modo:

Salir, hacer, poner al día, no eran cosas que ayudaran a dormirse. Hacer. Hacer algo, hacer el bien, hacer pis, hacer tiempo, la acción en todas sus barajas. Pero detrás de toda acción había una protesta, porque todo hacer significaba salir de para llegar a, o mover algo para que estuviera aquí y no allí, o entrar en esa casa en vez de no entrar o entrar en la de al lado, es decir que en todo acto había la admisión de una carencia, de algo no hecho todavía y que era posible hacer, la protesta tácita frente a la continua evidencia de la falta, de la merma, de la parvedad del presente. Creer que la acción podía colmar, o que la suma de las acciones podía realmente equivaler a una vida digna de este nombre, era una ilusión de moralista. Valía mas renunciar, porque la renuncia a la acción era la protesta misma y no su máscara (3:31).

Para Horacio Oliveira la acción en todas sus formas, tal como la practica el hombre occidental, es esencialmente un recurso evasivo de su falsa vida cotidiana. He aquí sus reflexiones al respecto:

La parte de chantaje de toda acción con un fin social, en la medida en que el riesgo corrido sirve por lo menos para paliar la mala conciencia individual, las canallerías personales de todos los días (90:473).

No tenía nada que objetar a esa acción en sí, pero la apartaba desconfiado de su conducta personal. Sospechaba la traición ...; una traición vestida de trabajo satisfactorio, de alegrías cotidianas, de conciencia satisfecha, de deber cumplido. ... La traición era de otro orden, era como siempre la renuncia al centro, la instalación en la periferia, la maravillosa alegría de la hermandad con otros hombres embarcados en la misma acción. Allí donde cierto tipo humano podía realizarse como héroe (90:474-475).

Y Oliveira, cavilando todavía sobre el dibujo en la acera trazado por la muchacha indochina y los dos muchachos rubios, mientras se aleja, del brazo de Pola, camino a la habitación de ella, ve el mundo como tiza de colores que será borrada para volver a ser como las figuras borradas por el chorro del agua y «que mañana vendrá el dibujante y repetirá exactamente lo mismo» (64:422):

> Un mundo de tiza de colores ... papas fritas de tiza amarilla, vino de tiza roja, un pálido y dulce cielo de tiza celeste con algo verde por el lado del río. ... La rue Dauphine de tiza gris, la escalera aplicadamente tizas pardas, la habitación ... con tiza verde claro, las cortinas de tiza blanca ... amor tiza perfumada, boca de tiza naranja, tristeza y hartura de tizas sin color girando en un polvo imperceptible, posándose en las casas dormidas, en la tiza agobiada de los cuerpos (64:421).

Sin notarlo ha estado reflexionando en voz audible y Pola lo interrumpe menoscabada: «Todo se deshace cuando lo agarrás, hasta cuando lo mirás» *(Ibíd.),* lo mismo que el terrón de azúcar, símbolo de la fugacidad de esta vida, de lo falso de la realidad cotidiana, de lo absurdo de la normalidad aparente que nos rodea: «una náusea terrible, ansiedad, sentimiento de lo precario, lo falso, sobre todo lo inútil» (57:408). «Una rayuela en la acera: tiza roja, tiza verde. CIEL. ...Un ajedrez infinito» (113:540).

Antes de referirnos al tema del absurdo en el episodio de la reunión del Club de la Serpiente, anotaremos que es este episodio el que realmente abre la acción en la novela. Cubre diez capítulos. Toda la sesión, que dura hasta el amanecer nos da el ambiente escenario de la novela, «la corrosión profunda de un mundo denunciado como falso» (141:604), «la gran máscara podrida de Occidente» (125:560). El grupo está formado por varios amigos oriundos de diferentes países, a quienes podríamos considerar como símbolos de la humanidad total. Ellos son: Etienne (francés y escéptico), Gregorovious (montenegrino y un desarraigado sin identificación personal (65:423), quien actúa como un doble de Oliveira), Ronald (americano, objetivo y acomodadizo), Babs (americana y esposa de Ronald, preocupada por la vida y borracha casi siempre), Wong (chino, entendido y de pocas palabras), Perico (español, realista e individualista), Guy Monod (sin identificación precisa) y la Maga (amante de Oliveira, intuitiva y desorganizada). Se reúnen, como dice Oliveira, como un grupo de intelectuales y artistas aficionados (28:192). Gastan las horas hedónicamente escuchando música de jazz tocada en un gramófono a cuerda y con discos viejos y muy usados.

En el ambiente de esta noche en el club, Cortázar nos acerca a todo, y no hay quien se salve. Hay un manoteo de ideas, «una especie de torear ceñido que era el fin y al cabo uno de los tantos ejercicios que justificaban las reuniones del club. Jugaban mucho a hacerse los inteligentes» (12:60) y se entregaban «al jazz como un modesto ejercicio de liberación», de evasión de una realidad que los carcomía a todos, de «cama vacía», de «mañana siguiente»... de «alquiler sin pagar», de «miedo a la vejez» (12:64). Ninguna otra música como el jazz podría haber sobrepasado el medio arcaico de expresión de la palabra, simbolizado por los cantos de esos discos viejos y gastados, para alcanzar a traducir el ritmo distorcionado de la vida moderna y la violenta inseguridad del hombre actual. Es una música rebelde, única capaz de captar lo disparatado y absurdo.

El jazz está orientado hacia una improvisación inspiradora, desde el trasfondo de una experiencia emocional rica en motivos y emociones. Al nacer en la aurora del siglo xx (finales del xix) no cabe duda que respondía a la nueva sensibilidad de una época que ya no sentía fluidamente con el espíritu de la melodía calculada de postura romántica ni mucho menos con las sinfonías preconcebidas del neoclasicismo. El jazz viene a satisfacer una exigencia natural del sentir del hombre contemporáneo. A medida que van transcurriendo las primeras décadas del siglo xx, la literatura va respondiendo al mismo espíritu de improvisación de jazz: la técnica del «jam session»[2], que en *Rayuela* alcanza su máxima expresión:

> Desde un chirriar terrible llegaba el tema que encantaba a Oliveira, una trompeta anónima ... la única música universal del siglo, algo que acercaba a los hombres más y mejor que el esperanto, la Unesco o las aerolíneas, una música bastante primitiva para alcanzar universalidad y bastante buena para hacer su propia historia, con cismas, renuncias y herejías ... hot y jazz cerebral, una música-hombre, el jazz es como un pájaro que migra o emigra o inmigra o transmigra, saltabarreras, burla-aduanas, algo que corre y se difunde ... por todas partes con el don de ubicuidad que le ha prestado el Señor, ... es la lluvia y el pan y la sal, algo absolutamente indiferente a los ritos nacionales, a las tradiciones inviolables, al idioma y al folklore: una nube sin fronteras, una espía del aire y del agua, una forma arquetípica, algo de antes, de abajo, que reconcilia mexicanos con noruegos y rusos y españoles, los incorpora al oscuro fuego central olvidado, torpe y mal y precariamente los devuelve a un origen traicionado (17:88).

Pero esta voz que salía ahora de discos viejos con «un saxo lamentable ...un piano cualquiera... una guita-

---

2 «Jam session», ejecución informal o improvisada, en la cual los músicos pueden tocar cualquier nota siempre que esté en armonía con los demas instrumentos (*The World Book Encyclopedia*, Chicago: Field Enterprises Educational Corporation, 1967).

rra incisiva... una corneta» (10:55), voz de muertos y una
púa que «crepitaba horriblemente», algo que se movía
«en lo hondo como capas y capas de algodones entre la
voz y los oídos» (12:63), voz «con la cara vendada metida
en un canasto de ropa sucia..., ahogada, pegándose a los
trapos» *(Ibíd.)*, «voz proponiendo sin saberlo la vieja in-
vitación renacentista, la vieja tristeza anacreóntica, un
carpe diem» (16:80), no era sino la expresión de la existencia miserable y absurda de la criatura humana, «la
blanda aceptación de la fatalidad que exigía cerrar los
ojos y sentir el cuerpo como una ofrenda, algo que cualquiera podía manchar y exaltar como Irineo» (16:81).
Y otro muerto cantaba, y todo «como siempre convergía
desde dimensiones inconciliables» (14:72), «una irrealidad mostrándonos otra, como los santos pintados que
muestran el cielo con el dedo» (12:64).

> A Oliveira le costaba creer que todo eso estuviera sucedien-
> do. ¿Por qué allí, por qué el Club, esas ceremonias estúpi-
> das, por qué era así ese blues cuando lo cantaba Bessie? ...
> No puede ser que esto exista, que realmente estemos aquí,
> que yo sea alguien que se llama Horacio. ... Cómo podemos
> estar reunidos esta noche si no es por un mero jugo de
> ilusiones, de reglas aceptadas y consentidas, de pura baraja
> en las manos de un tallador inconcebible (12:64).

Oliveira piensa que la realidad, sea en términos de
«milagros de Lourdes, creer en lo que llaman materia,
creer en lo que llaman espíritu, vivir en Emmanuel o
seguir cursos de Zen, plantearse el destino humano como
un problema económico o como un puro absurdo, la
lista es larga, la elección múltiple» (99:507), siempre es
la misma absurda realidad, «aceptes la de la Santa Sede,
la de René Char o la de Oppenheimer... convencional,
incompleta y parcelada» *(Ibíd.)*. Todo ello que para Oliveira se concreta en el absurdo de una aceptación pasiva

de la realidad misma que nos mina hasta lo más profundo, está simbolizado metafóricamente por imágenes distorcionadas, confusas, disparatadas y amontonadas en torbellino de lo puro con lo sucio, de lo elevado con lo de baja ralea; el desorden está personificado:

> En el suelo o el techo, debajo de la cama o flotando en una palangana había estrellas y pedazos de eternidad, poemas como soles y enormes caras de mujeres y de gatos donde ardía la furia de sus especies, en la mezcla de basura y placas de jade de su lengua donde las palabras se trenzaban noche y día en furiosas batallas de hormigas contra escolopendras, la blasfemia coexistía con la pura mención de las esencias ... El desorden triunfaba y corría por los cuartos con el pelo colgando en mechones astrosos, los ojos de vidrio, las manos llenas de barajas que no cesaban, mensajes donde faltaban las firmas y los encabezamientos, y sobre las mesas se enfriaban platos de sopa, el suelo estaba lleno de pantalones tirados, de manzanas podridas y de vendas manchadas. Y todo eso de golpe crecía y era una música atroz, ... se sentía vivir hasta el delirio en el acto mismo de contemplar la confusión que lo rodeaba y preguntarse si algo de eso tenía sentido (18:92).

Y ahora, en el club, Oliveira quiere explicarse la razón del absurdo de esa realidad que le rodea,

> de todo *eso*, ... la cara tan triste de la Maga mirando a Gregorovius mirando a la Maga mirando a Gregorovius ... Babs que lloraba de nuevo, escondida de Ronald que no lloraba pero tenía la cara cubierta de humo pegado, de vodka convertido en una aureola absolutamente hagiográfica, Perico fantasma hispánico subido a un taburete de desdén y adocenada estilística, si todo *eso* fuera explorable, si todo *eso* no fuera, en el fondo no fuera sino que estuviera ahí para que alguien ... de todo *eso* que estaba ahí, ahincando y mordiendo y sobre todo arrancando no se sabía qué pero arrancando hasta el hueso, de todo *eso* se saltara ... se entrara por una puerta cualquiera ... explicados y explicándolos, restituidos, fuera de sus figuras del

Club, devueltos, salidos, asomados, a lo mejor todo *eso* no era más que una nostalgia del paraíso terrenal, un ideal de pureza (18:91). No puede ser que estemos aquí para no poder ser (18:92). [Lo de cursiva es nuestro].

Si tal vez «*eso*» no era la verdadera realidad sino que ocultaba otra, la verdaderamente auténtica, por la cual sin saberlo suspiraban todos, al intuir apenas que «hay el atardecer, hay el cansancio de haber perdido el tiempo en los cafés, leyendo diarios que son siempre el mismo diario» (76:445). Porque «todo está mal..., nos hemos metido en una desarmonía total que todos nuestros recursos disfrazan con el edificio social, con la historia, con el estilo jónico, con la alegría del Renacimiento, con la tristeza superficial del romanticismo...» (125:562); todos estamos sucios, «una roña que empezó hace tantos siglos..., haría falta un detergente padre, ...una jabonada cósmica» (108:531). «Vení, rajemos una vez más. Estoy más sucio que tu Emmanuèle» (108:531). El intelectualismo barato de que hacen alarde los miembros del Club de la Serpiente no les vale de nada para explicar tanta miseria ni para aclarar tanto desatino ni transformar tanto disparate.

Oliveira suele ironizar el intelectualismo bufoneándose en particular de su patria: «A la Argentina había que agarrarla por el lado de la vergüenza, buscarle el rubor escondido por un siglo de usurpaciones. ¿Quién se animaría a ser el bufón que desmontara tanta soberanía al divino cohete? ¿Quién se le reiría en la cara para verla enrojecer...?» (41:275). Sin duda Oliveira usa esta bufonada para reírse también de la petulante cultura y la precaria condición de la civilización occidental.

... Era una pequeña librería de la rue du Cherche-Midi, era un aire suave de pausados giros, era la tarde y la hora, era del año la estación florida, era el Verbo (en el principio),

era un hombre que se creía un hombre. Qué burrada infinita, madre mía (93:486).

Oliveira apunta primero al intelectualismo afrancesa-
do de la cultura libresca argentina («era una pequeña
librería de la rue du Cherche-Midi), y continúa con la literatura modernista, falso reflejo de la realidad, en un
verso de Rubén Darío, al que sigue el verso romántico
tan archisabido por todo argentino, de Esteban Echeve-
rría y el hipérbatón poético de Góngora, terminando con
el *Génesis* de la *Biblia* en el acto mismo de la Creación
y la implicación de la caída del hombre («era un hombre
que se creía un hombre»). Cuando está reflexionando en
esto, sale la Maga de la librería y la ve como una metáfora
de lo que está pensando: («recién ahora me doy cuenta
de que era como una metáfora, ella saliendo nada menos
que de una librería») (93:486).

El tema del absurdo, con su correlato recíproco el
tema de la inautenticidad, aparece también en el episodio
de Horacio Oliveira con la pianista Berthe Trépat. Se
inicia con las reflexiones de Oliveira del absurdo del cotidiano vivir, inconsecuente y sin originalidad; éste
ha de ser el ambiente del episodio mismo.

Parado en una esquina «se había puesto a mirar lo que
ocurría en torno y que... era la ilustración perfecta de lo
que estaba pensando y casi le evitaba el trabajo» (23:122).
Veía en el café a un grupo de albañiles protegiéndose del
frío, que charlaban con el patrón en el mostrador, y a dos
estudiantes que leían y escribián en una mesa, «y Oliveira
los veía alzar la vista y mirar hacia el grupo de los albañiles, volver al libro o al cuaderno, mirar de nuevo. De una
caja de cristal a otra, mirarse, aislarse, mirarse: eso era
todo» (*Ibíd.*). Notaba que junto a una ventana de un primer piso estaba una señora aplicada a la tarea de coser o

cortar un vestido. «Oliveira imaginaba sus pensamientos, las tijeras, los hijos que volverían de la escuela de un momento a otro, el marido terminando la jornada en una oficina o en un banco» (*Ibíd.*). De una calle transversal veía salir un clochard empujando su acostumbrado vehículo, un cochecito viejo de niño «lleno de periódicos viejos, latas, ropas deshilachadas y mugrientas, una muñeca sin cabeza, un paquete de donde salía una cola de pescado» (*Ibíd.*). En la casilla LOTERIE NATIONALE veía a «una vieja de mechas irredentas... esperando sin esperar el cliente... ofreciendo la suerte y pensando vaya a saber qué, pequeños grumos de ideas, repeticiones seniles, ... un marido muerto en el Somme, ...la buhardilla sin agua corriente, la sopa para tres días» (23:123). Y Oliveira se repite como si fuera una serie interminable: «Los albañiles, los estudiantes, la señora, el clochard, la vendedora de lotería, cada grupo, cada uno en su caja de vidrio» (23:123). Reflexiona en esta constante pendular que sólo rompe su ritmo monótono por el impacto de un suceso que la saca de esa «normalidad», como ser el de ese incidente callejero de momentos antes, acaecido a un viejo escritor que resbaló y se cayó (22:18). Entonces estallarían todos en un «vehemente cambio de impresiones, de críticas, de disparidades y coincidencias» (23:123), como que

el viejo se había resbalado, que el auto había 'quemado' la luz roja, que el viejo había querido suicidarse, que todo estaba cada vez peor en París, que el tráfico era monstruoso, que el viejo no tenía la culpa, que el viejo tenía la culpa, que los frenos del auto no andaban bien, que el viejo era de una imprudencia temeraria, que la vida estaba cada vez más cara, que en París había demasiados extranjeros que no entendían las leyes del tráfico y les quitaban el trabajo a los franceses (22:118), hasta que empezara a llover otra vez y los albañiles se volvieran al mostrador, los estudiantes a su mesa, los X a los X, los Z a los Z (23:123).

El episodio de la Berthe Trépat está dado en este mismo plano de absurdidad de lo inauténtico. Se trata de una pianista mediocre que está dando un concierto. Por escapar de la lluvia Oliveira entra a escucharla. Al concierto asisten no más de veinte personas que, a medida que la pianista va tocando, van dejando uno a uno la sala hasta quedar al final Oliveira solo con la pianista. Oliveira, sin desearlo y sin proponérselo, se encuentra a sí mismo «acompañando un poco. Sin saber bien por qué» (23:132). Del mismo modo se oye ofreciéndose para acompañar a la pianista hasta su casa. Cogidos del brazo hacen el recorrido caminando bajo la llovizna y conversando absurdamente del concierto, de la vida privada de la Trépat, y de otras menudencias vulgares e inescrupulosas. Y «las frases le salían así, no había nada que hacer, era absolutamente el colmo» (23:137). «Ni de haber hecho la estupidez de ofrecerle su compañía» (23:142).

El episodio parece establecer un contraste entre el nivel auténtico del escritor Morelli y el nivel inauténtico de la pianista Berthe Trépat, poniendo de relieve la originalidad de Morelli. Para ello no es casual que la identificación del viejo escritor que tuvo el accidente en la calle la encontramos implicada a capítulo seguido, el 62 (según las remisiones para la lectura de la antinovela-novela). Este capítulo muestra a Morelli como un escritor y como un escritor genuino, original, rico en posibilidades de escribir un libro que fuera una reacción en contra de esa literatura que, una de las notas morellianas, resumía como «Psicología, palabra con aire de vieja» (62:415). Debía esa clase de literatura ser sustituida por «una búsqueda superior a nosotros mismos como individuos» (62:417). Del capítulo 62 se vuelve para seguir con el capítulo 23, que narra el episodio de la Berthe Trépat, y de éste se salta nuevamente, esta vez al 124, que nos habla de nuevo de Morelli como renovador del género novelístico, proponiendo «un camino que empezara a partir de esa liquidación externa e interna» (124:559). De manera, pues, que el capítulo que narra el episodio absurdo de la Berthe Trépat se encuentra entre el 62 y el 124. Sin duda reiteramos, funciona el capítulo 23 como contraste de la genuina creación que debe ser toda obra de arte y del verdadero «sincretismo» que debe existir entre conceptos diferentes. La Berthe Trépat se muestra como una creadora mediocre, sin originalidad auténtica, jactándose de su «sincretismo fatídico», «estética de construcciones antiestructurales, es decir de células sonoras autónomas... totalmente libres de moldes clásicos» (23:125). El absurdo está, pues, en la obstinación de la Berthe Trépat por creerse a sí misma lo que no es en realidad, lo cual la obliga a vivir una existencia esperpéntica y ficticia. Es el mismo nivel que vimos antes del absurdo cotidiano, rutinario o inauténtico y aceptado como normal, de los albañiles, los estudiantes, la señora, el clochard y la vendedora de lotería. En ambos casos estos seres actúan como marionetas de una existencia sin sentido, aproximándose por igual al esperpento valleinclanesco y al disparate ioneseano.

El absurdo comportamiento de Oliveira con la Berthe Trépat sólo es explicable por la lástima que sentía hacia el viejo escritor accidentado momentos antes: «De golpe comprobaba que todas sus reacciones derivaban de una cierta simpatía por Berthe Trépat... y de golpe se sorprendía con ganas de ir al hospital a visitar al viejo, o aplaudiendo a esa loca encorsetada. Extraño» (23:130). Sin duda esa lástima obedecía a que Oliveira se identificaba con el escritor, los dos como criaturas que sufrían por causa de un mundo frío e impersonal que no los comprendía. En el caso del viejo, le dolía ese trato formulario e

indiferente, sin distingo de valores: «Allez, pépère, c'est
rien, ça! del camillero, un pelirrojo que debía decirle lo
mismo a todo el mundo» (22:119). Influenciado por esta
simpatía hacia el viejo escritor, Oliveira confunde los
planos de valoración y pasa a sentir una lástima deni-
grante por lo que realmente hubiera encuadrado en la
fórmula del camillero. Oliveira se da cuenta de lo absurdo de su trato con la Trépat: «Primero Rocamadour y
ahora Berthe Trépat, era para no creerlo» (23:134); «se
sentía como un vómito» (23:135). «Se preguntó si no sería
más piadoso decirle redondamente la verdad, pero ella
la sabía, por supuesto que la sabía» (*Ibíd.*). «La verdadera
caridad sería sacarla de en medio, impedirla que siga
sufriendo como un perro metida en sus ilusiones que ni
siquiera cree, que fabrica... Le tengo asco... Qué día mi
madre, qué día» (23:136). Esta sí que es la «náusea» que
produce el confrontamiento con lo irracional, con lo iló-
gico, con la inautenticidad aplastadora de una existencia
sin sentido: el absurdo absoluto. «Soy peor que un trapo
de cocina, peor que los algodones sucios, yo en realidad
no tengo nada que ver conmigo mismo» (23:140):

> Porque eso le quedaba, a esa hora y bajo la lluvia y pegado
> a Berthe Trépat, le quedaba sentir, como una última luz
> que se va apagando en una enorme casa donde todas las
> luces se extinguen una por una, le quedaba la noción de
> que él no era eso, de que en alguna parte estaba como
> esperándose, de que ese que andaba por el barrio latino
> arrastrando a una vieja histérica y quizá ninfomaníaca era
> apenas un *doppelgänger* mientras el otro, el otro, el otro ...
> (*Ibíd.*).

> No, no vivía en la rue Saint-Jacques. No, pero tampoco im-
> portaba nada donde vivía. Le daba lo mismo seguir cami-
> nando así toda la noche (23:141).

En el colmo del absurdo sintió Oliveira que «de golpe
tenía ganas de reírse»:

> No se daba cuenta de donde le venían las ganas de reírse,
> era por algo anterior, más atrás, no por el concierto mismo
> aunque hubiera sido la cosa más risible del mundo. ... No
> había la menor razón para sentirse alegre. ... Y Oliveira
> hubiera querido reírse a carcajadas (23:141-142).

Una risa que era como una defensa ante lo irremediable,
ante el colmo del absurdo, un «absurdo humorístico». «No
era así como tenía que obrar. No sabía cómo arreglarse,
pero así no era» (23:148). «No pensaba en nada, se sentía
caminar como si hubiera estado mirando un gran perro
negro bajo la lluvia, algo de patas pesadas, de lanas colgantes y apelmazadas moviéndose bajo la lluvia» (23:149).

Distinto es el sentimiento del absurdo que experimenta
Oliveira cuando visita con Etienne al viejo escritor en el
hospital. Morelli les entrega la llave de su departamento
para que entren y le ordenen las páginas que ha estado
escribiendo en el hospital según «un sistema de colores,
de números y letras»; «un verdadero honor, tan inmereci-
do» (154:626-627). Oliveira siente una alegría infinita con
ese acto de confianza del escritor, con esa conversación
rica en pensamientos verdaderos, libre de lo mediocre
y de lo falso; pero ahí está en el medio interfiriendo la
náusa de lo inauténtico, de lo vulgar, de lo absurdo, cotidiano sin sentido, de las circunstancias todas de ese
día y de todos los días (Club, Berthe Trépat, Rocamadour,
Maga, el viejo golpeando en el techo, «una ausencia culpa-
ble... un pedazo de noche chorreando baba» —154:628)
que se interpone entre él y lo auténtico y le hace sentir esa
alegría como fuera de lugar:

> Con la llave en la mano Oliveira no sabía qué decir.
> Todo estaba equivocado, eso no tendría que haber sucedido
> ese día, era una inmunda jugada del ajedrez de sesenta
> piezas, la alegría inútil en mitad de la peor tristeza, tener
> que rechazarla como a una mosca, preferir la tristeza cuan-

do lo único que le llegaba hasta las manos era esa llave a
la alegría, un paso a algo que admiraba y necesitaba, una
llave que abría la puerta de Morelli, del mundo Morelli,
y en mitad de la alegría sentirse triste y sucio, con la
piel cansada y los ojos legañosos, oliendo a noche sin sueño
(Ibíd.).

Oliveira no puede traducir el asco que le produce esa
realidad inconherente y estólida más que por medio de
lo sucio e infecto:

> Ah mierda, mierda, hasta mañana maestro, mierda, mier-
> da, infinitamente mierda, sí, a la hora de la visita, intermina-
> ble obstinación de la mierda por la cara y por el mundo,
> mundo de mierda, le traeremos fruta, archimierda de con-
> tramierda, supermierda de inframierda, remierda de recon-
> tramierda ... *(Ibíd.).*

Es la sensación metafórica del absurdo de una realidad
cuya inautenticidad contiene todos los prefijos imagina-
bles que encarecen lo repulsivo.

El capítulo 28 de *Rayuela*, uno de los mejor logrados
de toda la novela y muy representativo del tema del absurdo, está planteado también sobre una situación irracional e ilógica. El tema del absurdo está dado en este
caso por una solidaria actitud cínica frente a una circunstancia conmovedora de muerte. Esta actitud crea un ambiente procazmente absurdo. La situación, en cierto modo,
aparece como natural («el absurdo es que no parezca absurdo» —28:197; «lo absurdo es que podamos aprehender
la totalidad de lo que nos constituye en este momento,
o en cualquier momento, e intuirlo como algo coherente,
algo aceptable si querés» —28:195). Dice Oliveira:

> Lo que no entendemos es por qué eso tiene que suceder así,
> por qué nosotros estamos aquí y afuera está lloviendo. Lo
> absurdo no son las cosas, lo absurdo es que las cosas estén

ahí y las sintamos como absurdas. A mí se me escapa la relación que hay entre yo y esto que me está pasando en este momento. No te niego que me esté pasando. Vaya si me pasa. Y esto es lo absurdo (28:194 y 195).

El motivo sensible es la muerte de Rocamadour, el hijito de la Maga. La situación anormal es la siguiente: alrededor del cuerpecito muerto de Rocamadour un grupo de los amigos del Club pasan la noche tomando mate, café y caña y discutiendo diversos temas intelectuales, a sabiendas de la muerte del niño, que yace en la cama en el rincón opuesto al que se encuentra el grupo orgiástico o «vela de armas», como lo pensó Oliveira (28:199), y con la ignorancia del suceso por parte de la madre, que comparte con ellos la velada. Los temas que discuten son irónicamente temas existencialistas: el de la vida frente a la muerte, el de la realidad y el del absurdo, orientados esencialmente hacia el propósito fundamental de la novela, una lucha contra la inautenticidad.

El tema de la realidad lo discuten acaloradamente. Oliveira reflexiona a viva voz que lo que nos parece real lo es sólo en relación con el sujeto que contempla el objeto o el hecho y que la falsa apariencia de la realidad que nos rodea es la que nos lleva al absurdo de creerla coherente, visible, comunicable; es decir, al absurdo de que esa realidad ambiental cotidiana no aparezca como absurda (28:197). Por otro lado, Oliveira desconfía de esa realidad que la ciencia o la razón nos ha vendido ya hecha. «La claridad es una exigencia intelectual y nada más», dice Oliveira (28:195). Su confianza en una actitud racionalizadora ha llegado a su término: «El hombre se agarra de la ciencia como de eso que llaman un áncora de salvación y que jamás ha sabido bien lo que es. La razón segrega a través del lenguaje una arquitectura satisfactoria... la razón empieza por tranquilizarnos» (28:194).

Oliveira es el único realmente consciente de este comportamiento inauténtico y absurdo alrededor del cuerpo muerto de Rocamadour. Cuando entra en la habitación (de vuelta de su estúpido comportamiento con la Berthe Trépat) dice refiriéndose al hablar quedo de él, la Maga y Gregorovius: «Supongo que si todos estamos susurrando de manera tan incómoda se debe a que Rocamadour duerme el sueño de los justos» (28:173). La observación de Oliveira, tan natural y usual en circunstancias normales, funciona en el plano literario como signo de indicio de la muerte del niño. La respuesta de la Maga, «Sí, se durmió antes de que empezáramos a escuchar música» muestra una idiótica ignorancia del suceso, con lo que estamos siempre confirmando el concepto del absurdo en *Rayuela*: «El absurdo es que no parezca absurdo» (28:197). Somos engañados todo el tiempo por una falsa realidad. Más tarde Oliveira, al acercarse a la mesa de luz junto a la cama donde reposa Rocamadour, roza accidentalmente la frente del niño y en seguida sospecha que está muerto. Después de comprobarlo palpándole el vientre, los muslos y el pecho, queda indeciso entre una conducta que le suena a inauténtica, esto es, de concesión, de acomodamiento a las cursilerías en uso y un comportamiento que, en el fondo, tampoco está muy seguro que es el verdadero:

> Calzar en el molde, pensó Horacio. Gritar, encender la luz, armar la de mil demonios normal y obligatoria. ¿Por qué? Pero a lo mejor, todavía ... Si pego el grito es de nuevo Berthe Trépat, de nuevo la estúpida tentativa, la lástima. Calzar en el guante, hacer lo que debe hacerse en esos casos. Ah, no, basta. ¿Para qué encender la luz y gritar si sé que no sirve para nada? Comediante, perfecto cabrón comediante. Lo más que se puede hacer es ... (28:176-177).

Horacio prende un fósforo para ver bien la cara del niño, simulando que va a prender un «Gauloise». Al instante, la voz amonestadora de la Maga: «Lo vas a despertar», lo cual le debe haber sonado el colmo de la idiotez, lo vuelve a la realidad que él sabe que no es la verdadera. ¿Copiaría una fórmula por lástima? «La acción, siempre la acción. ... Hablen bajo, che, que van a despertar al niño» (28:179), dice cínicamente Horacio contestando a la insistencia de Gregorovius que había que hacer algo.

> No comprendía ni quería comprender por qué ese aplazamiento, esa especie de negación de algo ya sabido. ... Sí, esto es como el negativo de la realidad tal-como-debería-ser, es decir... Pero no hagas metafísica, Horacio. ... No lo puedo evitar, me parece que está mejor así que si encendiéramos la luz y soltáramos la noticia como una paloma. Un negativo. La inversión total ... Lo más probable es que él esté vivo y todos nosotros muertos (28:185).

Cuando al fin la Maga descubre que su hijo está muerto y se entrega al dolor, Oliveira se niega a consolarla: piensa que su acción sería hipócrita y falsa.

> Oliveira se dijo que no sería tan difícil llegarse hasta la cama, agacharse para decirle unas palabras al oído a la Maga. 'Pero eso yo lo haría por mí, pensó 'Ella está más allá de cualquier cosa. Soy yo el que después dormiría mejor, aunque no sea más que una manera de decir. Yo, Yo, Yo. Yo dormiría mejor después de besarla y consolarla y repetir todo lo que ya le han dicho estos' (28:204).

El capítulo 28 termina con el reconocimiento del absurdo, por Ronald, quien piensa: «Qué absurdo es todo esto. La idea de que todo fuera absurdo lo hizo sentirse incómodo, pero no se daba cuenta por qué» (28:205).

La lucha obstinada de Oliveira por libertarse de la inautenticidad lo lleva a un rompimiento con todo, aun con la única mujer a quien ama. Esto representa una forma de suicidio, a tono con el ambiente de suicidio, separación y muerte de todo el capítulo. Esta es la escena crisis del protagonista de la novela. Asfixiado de intelectualidad, Oliveira renuncia a la vida intelectual como un fin, siendo aplicable la ilustración que usa Etienne para ilustrar lo paradójico del «suicidio de la inteligencia por vía de la inteligencia misma. El alacrán clavándose el aguijón, harto de ser alacrán pero necesitado de alacranidad para acabar con el alacrán» (28:189 y 190). Oliveira se ha dado cuenta de que el intelectualismo ha interferido con la visión intuitiva pura, de la cual la Maga le ha sido un ejemplo. Ella se le aparece con una clarividencia poética que echa por tierra todas sus lógicas: «Se daba cuenta de que la Maga se asomaba a cada rato a esas grandes terrazas sin tiempo que todos ellos buscaban dialécticamente» (4:41).

Cuando abandonándolo todo, Oliveira se deja ir hasta los vagabundos que amanecían debajo del puente del Sena, en busca, tal vez inconsciente, de seres que estuvieran despojados de lo ficticio (36:241), la imagen de Heráclito el Oscuro se le ocurre como figura de sí mismo hundido en la suciedad y obscenidad:

Solamente como una aceptación en la náusea, Heráclito se había hecho enterrar en un montón de estiércol para curarse la hidropesía. ... En la mierda hasta el cogote, Heráclito el Oscuro, exactamente igual que ellos. ... Entonces tal vez fuera eso, estar en la mierda hasta el cogote (36:247). Se repetía fríamente que no era mejor que ella [Emmanuèle] (36:249).

La hidropesía se cura con paciencia, con mierda y con soledad. Por lo demás el Club estaba liquidado, todo estaba felizmente liquidado y lo que todavía quedaba por liquidar era cosa de tiempo (36:251).

Lo único decente era ir hacia atrás para tomar el buen impulso, dejarse caer para después poder quizá levantarse, Emmanuèle para después, quizá ... (36:250). ... por los mocos y el semen y el olor de Emmanuèle y la bosta del Oscuro se entraría al camino (36:253).

Como lo había pensado en otra ocasión: «Quizá vivir absurdamente para acabar con el absurdo» (22:120).

Refirámonos ahora al episodio del puente-tablón, el más representativo en la novela del absurdo humorístico. El absurdo en este caso consiste de una situación ambiental ilógica y disparatada, usada simbólicamente para referirse a una realidad trascendente: una decisión cuya consecuencia va más allá de la realidad aparente, determinando destinos. Se trata de un incidente ocurrido entre Oliveira, Traveler y Talita (capítulo 41). A modo de recapitulación comenzaremos diciendo que Horacio Oliveira se encuentra en Buenos Aires a su regreso de París. En París había pasado por una serie de fracasos, el último el de su aventura con la clocharde, que sin duda provocó su expatriación por el gobierno francés.

En Buenos Aires es recibido por su amigo de la juventud, Traveler, acompañado de su esposa Talita. También se encuentra con una antigua amante, Gekrepten, con quien reanuda convencionalmente sus relaciones amorosas. Horacio se ha puesto a vivir en una habitación opuesta, calle por medio, a la de Traveler y Talita; de ventana a ventana pueden verse y conversar. A poco tiempo de su llegada Oliveira comienza a imaginar que Traveler es su *doppelgänger* y a verse encarnado en Traveler con respecto a ciertos aspectos de su personalidad y aspiraciones. En cierta ocasión le dice: «Por eso siento que sos mi *doppelgänger*, porque todo el tiempo estoy yendo y viniendo de tu territorio al mío, si es que llego al mío, y en esos pasajes lastimosos me parece que vos sos mi forma...» (56:400). Pero más que nada, Horacio está obsesionado con la idea de que Talita, cuyo parecido con la Maga es extraordinario, es el doble de ésta, quien él cree que se ha suicidado tirándose al río:

Volvió a sentir que ciertas remotas semejanzas condesaban
bruscamente un falso parecido total, como si de su memoria
aparentemente tan bien compartimentada se arrancara de
golpe un ectoplasma capaz de habitar y completar otro
cuerpo y otra cara, de mirarlo desde fuera con una mirada
que él había creído reservada para siempre a los recuerdos.
(48:337).

Esta enorme semejanza, que crea en Horacio una falsa
y delirante identificación de la Maga con Talita, provoca
un estado de ánimo desequilibrado, confuso y desconfiado
entre Traveler, Talita y Oliveira. Sólo Talita parecía tener
en sus manos el destino de los tres, y a esto nos lleva
simbólicamente la escena absurda del tablón.

El episodio ocurre en las tempranas horas de una
rigurosa tarde de verano en Buenos Aires. Oliveira, bajo
un sol rajante y con el sudor chorreándole por el pelo y
por los ojos, se pone a enderezar clavos por el sólo gusto
de enderezarlos; encontró una lata con clavos torcidos
y se aplicó a la tarea de ponerlos derechos, por puro entretenimiento, martillándolos contra una baldosa. Seguramente «porque encontraba cierta paz en las ocupacio-
nes manuales, como enderezar clavos...» (48:338). De repente le vienen ganas de matear, pero repara en que se
le ha acabado la yerba. Entonces decide despertar a Traveler de su siesta con Talita para que le tire yerba y al mismo
tiempo que ponga en el paquete algunos clavos derechos,
que harán de lastre para embocar la ventana. Después de
silbar varias veces a Traveler, al fin sale éste a la ventana. Oliveira le dice lo que quiere; pero Traveler replica
que es muy difícil entrar en la cocina a por la yerba,
porque hay muchos piolines con ropa tendida (a manera
de laberinto). A esto sigue una interesante conversación
entre los dos, reveladora de las semejanzas de sus perso-
nalidades (41:276-278); porque «la diferencia entre Manú

y yo», dice Oliveira a Talita, es que somos casi iguales» (41:298).

Traveler se decide a ir a buscar la yerba y los clavos. Entretanto Oliveira se entretiene con varios juegos: componer titulares, juego en el cementerio, diálogos típicos y jitanjáforas, todos como una representación del pasatiempo de la vida, en puras palabras al rumbo y juegos al azar, mientras se vive esperando también algo pueril y sin sentido verdadero. Al cabo sale Traveler trayendo los clavos, pero habiendo olvidado la yerba. Sigue una discusión sobre la posibilidad de lanzar el paquete de la yerba y los clavos embocándolo por la ventana, y tras considerar que esto sería imposible y que Oliveira no está dispuesto a bajar y subir dos veces tres pisos para buscar la yerba y los clavos, Traveler responde:

—No vas a pretender que sea yo el que practique ese andinismo vespertino.
—Lejos de mí tal intención —dijo virtualmente Oliveira.
—Ni que vaya a buscar un tablón a la antecocina para fabricar un puente.
—Esa idea —dijo Oliveira— no es mala del todo...
—Bueno, espera —dijo Traveler, y desapareció.
Traveler no tardó en llegar arrastrando un enorme tablón, que sacó poco a poco por la ventana. Recién entonces Oliveira se dio cuenta de que Talita sostenía también el tablón, y la saludó con un silbido. Talita tenía puesta una salida de baño verde, lo bastante ajustada como para dejar ver que estaba desnuda (41:281 y 282).

Entonces Oliveira saca otro tablón de su pieza para conectarlo con el tablón de Traveler, y construir de este modo un puente o pasaje de Traveler a Oliveira. El otro extremo del tablón se queda dentro de cada pieza, asegurado con muebles y libros pesados. Así los tablones parecen representar simbólicamente de un lado a Traveler y del otro a Oliveira.

En seguida queda decidido que Talita se enjarrete en el tablón Traveler y lo recorra hasta llegar al punto medio, a fin de poder atar, con la soga que ha de alcanzarle Horacio, los extremos de los dos tablones que se tocan sobre el vacío de la calle. De manera que ajustándose bien la bata de baño Talita comienza a deslizarse ridícula e indecorosamente sobre el tablón, no sin antes haber preguntado en voz baja a Traveler: «¿Vos realmente querés que sea yo la que le lleve la yerba a Oliveira?» (41:287). En este momento se insinúan los dos lados de la cuestión. Traveler aparece temerariamente como jugando el papel clásico del curioso impertinente de la fábula cervantina, según se desprende de las palabras de Oliveira a Talita: «A lo mejor Manú quiere jugar con fuego. Es un juego de circo, bien mirado» (43:312). Por lo tanto, Traveler no contribuirá con nada que aminore su curiosidad y así Talita tendrá que someterse a un absurdo humorístico, ridículo y disparatado.

Ya cerca del medio Talita, Horacio tiene que alcanzarle la soga, pero ¿cómo hacerlo?

—Tírame la soga de una vez. Me pongo nerviosa, créeme.
—Mejor te enlazo, así estamos seguros de que podés agarrar la soga. 'Es curioso', pensó viendo pasar la soga sobre su cabeza. 'Todo se encadena perfectamente si a uno le da realmente la gana. Lo único falso en esto es el análisis'.
—Vos fijate lo bien que la enlacé —dijo Oliveira—. Ahí tenés, Manú, no me vas a negar que yo podría trabajar con ustedes en el circo (41:289).

El absurdo se comporta con naturalidad: la escena de Talita en el tablón es un reflejo de los menesteres del circo.

A continuación Talita siente inseguridad de pasarse del tablón Traveler al tablón Oliveira. Oliveira la anima a hacerlo:

—Ahora pasate a mi tablón para probar el puente.
—Tengo miedo —dijo Talita. Tu tablón parece menos sólido
que el nuestro.
—¿Qué? —dijo Oliveira ofendido—. ¿Pero vos no te das
cuenta que es un tablón de puro cedro? No vas a comparar
con esa porquería de pino. Pasate tranquila al mío, nomás.
—¿Vos qué decís, Manú?

Sigue un momento de indecisión de parte de Traveler
y continúa la insistencia de Oliveira. Llegamos al clímax
de la acción. El símbolo por el absurdo está en equilibrio: los pesos son iguales con Talita en el medio. Los
tres están en tensión. El absurdo simbólico está apun-
tando a una realidad que trasciende su irracionalidad. El
destino de los tres está en juego. Traveler propone a
Talita:

—¿No le podés alcanzar el paquete desde ahí?
—Claro que no puede. ¿Qué idea se te ocurre? Estás estro-
peándolo todo.
— Lo que se dice alcanzárselo, no puedo —admitió Talita—.
Pero se lo puedo tirar, desde aquí lo más fácil del mundo.
—Tirar —dijo Oliveira resentido—. Tanto lío y al final
hablan de tirarme el paquete.
—No le hagás caso —dijo Traveler—. Tirale nomás el paque-
te, y volvé.

En este momento Talita sorprende a Traveler y a Oliveira mirándose fijamente, y se percata de que «estos
dos han tendido otro puente entre ellos... Si me cayera
a la calle ni se darían cuenta» (41:291).
Oliveira y Traveler discuten el sentido de la escena,
alegando Oliveira que el juego «había que jugarlo limpio» (41:291). «Talita sabía que de alguna manera estaban hablando de ella. ...Hablen de lo que hablen, en el
fondo es siempre de mí, pero tampoco es eso, aunque es
casi eso. Sentía el otro puente por encima. ...Es como
un juicio... Como una ceremonia» (41:292). Oía la voz

de Horacio diciéndole a Manú: «¿Quién te juzga?»; pero
no, era a ella a quien estaban juzgando. Ahora se daba
cuenta de que toda esta escena absurda tenía por objeto
definir su posición entre Traveler y Horacio, y que se
trataba más bien de un puente trascendente en el que
ella estaba enjarretada. Así se lo dice a Horacio después:
«Estoy en el medio como esa parte de la balanza que
nunca sé como se llama» (43:311). «Sos nuestra ninfa
Egeria, nuestro puente mediúmnico», le contesta Horacio.
«Ahora que lo pienso, cuando vos estás presente Manú
y yo caemos en una especie de trance» (43:311). «Te
creés el fiel de la balanza, ... pero no sabés que estás
echando el cuerpo sobre uno de los lados. Conviene que
te enteres» (43:312).

    «Se le ocurrió que sería divertido soltar el paquete de
manera que le cayera en la boca a la chica de los man-
dados» (41:292), que con la boca abierta la contemplaba
estupefacta; pero no, eso no hubiera resuelto nada en el
destino de los tres. De repente Talita se agita impaciente-
mente en el tablón haciendo una tentativa de lanzar el paquete. Traveler se asusta y se compadece de ella por la in-
solación que está sufriendo. Fastidiado le grita a Talita:
«Rajale el paquete por la cara y que nos deje de joder
de una buena vez» (41:293). «Es un poco tarde ...Ya no
estoy tan segura de embocar la ventana» (Ibíd.). Traveler
decide ir a buscarle a Talita un sombrero para prote-
gerla del sol. Abandona, así, su cabalgadura del tablón
junto a la ventana, que ayudaba a aguantar el declive
del tablón. Talita y Horacio se espantan: «Qué animal
—dijo Oliveira—. No te muevas, no respires siquiera.
Es una cuestión de vida y muerte, creeme» (41:293). A
lo que Talita responde: «Me doy cuenta... Siempre ha
sido así» (41:293). Es obvio que todo el tiempo se está
en dos planos, el real y el trascendente.

El abandono de Traveler en el mismo momento de la crisis parece significar que deja a Talita sola frente al conflicto de la decisión. Talita debe moverse a riesgo de sí misma. Como lo ha pensado Talita, no se trata de una decisión de partidos, sino de algo que «tampoco es eso, aunque es casi eso», algo que los tres lo sienten como indefinible. Tanto Traveler como Talita están conscientes de la intervención de Horacio en sus vidas, sin poder precisar lo que es. Pasada la escena del puente tablón, Traveler le dirá a Talita: «A Horacio vos le importas un pito. ...No le importas, y por lo tanto no tengo que preocuparme. Es otra cosa... ¡Es malditamente otra cosa, carajo!» (44:318). «Y si él estuviera aquí... tampoco entendería nada» (Ibíd.).

Talita experimenta un sentimiento de opresión que apenas puede disimular por causa del llanto que le sobreviene:

—¿Por qué lloras? —dijo Oliveira interesado.
—Yo no lloro ... Estoy sudando, solamente.
—Mirá ..., yo seré muy bruto pero nunca me ha ocurrido confundir las lágrimas con la transpiración. Es completamente distinto.
—Yo no lloro ... Casi nunca lloro, te juro. Lloran las gentes como Gekrepten, que está subiendo por la escalera llena de paquetes. Yo soy como el ave cisne, que canta cuando se muere ... Estaba en un disco de Gardel.
—Mirá hasta que vuelva ese idiota de Manú con el sombrero, lo que podemos hacer es jugar a las preguntas balanzas (41:294).

Este juego viene a afirmar el símbolo de dos extremos que luchan por definirse. En este momento entra en escena el absurdo de lo inauténtico cotidiano: Gekrepten. Se produce el entrecruzamiento de realidades divergentes con la intrusión de la charla de Gekrepten en la conversa-

ción y el juego de Talita y Oliveira. El absurdo alcanza su
máximo impacto: la estúpida decisión de Traveler de ir
a buscar el sombrero y su inconcebible tardanza (que queda explicada cuando Talita «vio la sombra de Traveler que
escuchaba, escondido entre la cómoda y le ventana» (41:
299); la ridícula postura en suspensión estática de Talita
enjarretada en el puente tablón; el juego, fuera de lugar
bajo las circunstancias, de Talita y Horacio y su conversación referente a Manú; la cursi intromisión de Gekrepten sin poner mientes a lo absurdo de la situación. Para
ella se trata de un simple juego, como le dice más tarde
a Horacio: «Ahora que ya jugaste bastante, vení a sacar
el ropero de arriba de la cama» (41:302). O como se lo
explica simplonamente más tarde a la Gatusso para sacarla de su escándalo: «Pero Talita trabaja en un circo, son
todos artistas. ...Lo que pasa es que querían darle un
poco de yerba a mi marido, y entonces...» (41:306).

Por fin aparece Traveler, quien vuelve a cabalgar el
extremo del tablón al borde de la ventana. Comienza a
hacer rodar con un palo sobre el tablón el sombrero
para Talita. Ella, viendo lo inútil de un esfuerzo que
viene ya a última hora y cansada del absurdo de la escena, dice aburridamente:

— Lo mejor sería que yo me volviera a casa.
— Pero primero le tenés que pasar la yerba a Oliveira —dijo
  Traveler. [Esta es la razón metafórica de todo ese absurdo
  «quilombo»].

Talita, quien es la que ha de darle sentido al símbolo
por el absurdo, tiene que decidir entre llevar el paquete
de la yerba y de los clavos a Oliveira o tirárselo embocándolo por la ventana y regresar con su esposo. Se
decidió a lanzar el paquete. Lo sacó del bolsillo de la
bata de baño y empezó a balancearlo, con la correspon-

diente vibración del puente, que Traveler y Oliveira se apresuraron a sujetar. De pronto soltó el paquete «que entró a toda velocidad en la pieza y se hizo pedazos contra el ropero» (41:304):

> Tra.—Espléndido. ... Perfecto, querida. Más claro, imposible. Eso sí que fue demostrandum.
> O.—Yo también creo que más claro, imposible.
> T.—'Por fin', pensó Talita. ... 'Cualquier cosa es mejor que estar así, entre las dos ventanas' *(Ibíd.)*.

Las tres expresiones son reveladoras de distintas realidades. La expresión de Traveler es reveladora de una victoria, aunque sólo momentánea, porque más tarde «Traveler había dejado pasar la ocasión de decir lo que había que decir para que ese mismo día Oliveira se mandara mudar del barrio y de sus vidas, no solamente no había dicho nada sino que le había conseguido el empleo en el circo» (48:341). La lástima de Traveler era tan absurda como la de Oliveira con la Berthe Trépat, y Oliveira lo reconocía. Después, en una de sus madrugadas de insomnio, Traveler reflexionaría que «en el fondo el tablón seguía estando ahí» (45:320):

> Prácticamente equivalía a dar por sentado que ni Horacio ni él habían retirado los tablones. De una manera u otra había pasaje, se podía ir y venir. Cualquiera de los tres, sonámbulo, podía pasar de ventana a ventana, pisando el aire espeso sin temor de caerse en la calle. El puente sólo desaparecería con la luz de la mañana, con la reaparición del café con leche que devuelve a las construcciones sólidas y arranca la telaraña de las altas horas a manotazos de boletín radial y ducha fría (45:321).

En la expresión de Oliveira está implicada la aceptación de la realidad:

Comprendió que era cierto, que de una manera u otra había
transgredido el mundo de Talita y Traveler, sin actos, sin
intenciones siquiera, nada más que cediendo a un capricho
nostálgico. Entre una palabra y otra de Talita vio dibujarse
la línea mezquina del Cerro [la Maga] (43:310 y 311). Esa
mujer estaba empezando a sufrir por culpa de él, no por
nada grave, solamente que él estaba ahí y todo parecía
cambiar entre Talita y Traveler (48:341).

Para Talita significaba la vuelta a su tranquilidad,
«cualquier cosa es mejor que estar así, entre las dos
ventanas», oprimida por ambos lados. Después de todo
no había diferencia: «Es verdad que te parecés a Manú»
(41:298), le dice a Oliveira, y a Traveler: «Te digo... que
te parecés a él, para que de una vez por todas nos deje-
mos de absurdos. ...Ustedes están jugando conmigo, es
como un partido de tenis, me golpean de los dos lados,
no hay derecho, Manú, no hay derecho» (44:317).
Pero todavía le queda a Talita completar su decisión.
Su preferencia no está lo bastante clara y definida mientras ella permanezca simbólicamente en el medio del
puente tablón. Tiene que decidir si ha de volver por el
lado del tablón-Oliveira o por el lado del tablón-Traveler:

Podés hacer dos cosas —dijo Traveler—. Seguir adelante,
que es más fácil y entrar por lo de Oliveira, o retroceder,
que es más difícil, y ahorrarte las escaleras y el cruce de
la calle.

Otra vez es Traveler quien le plantea el problema a
Talita, sin allanárselo, dejándola sola para que lo re-
suelva:

T.—Dejame descansar un momento. ...
Oliveira se echó de bruces en la ventana, y le tendió el
brazo. Talita no tenía más que avanzar medio metro para
tocar su mano.

Tra.—Es un perfecto caballero ... Lo que se llama un conde. No te pierdas eso, Talita.

O.—Descansá un poco, Talita, y franqueá el trecho remanente. No le hagas caso (41:304 y 305).

Pero Talita ya había hecho su decisión y comenzó a trasladarse trabajosamente hacia atrás hasta ser alcanzada por su marido quien la alzó por las axilas:

—Volviste —murmuró Traveler—. Volviste, volviste.

—Sí ... ¿Cómo no iba a volver? Le tiré el maldito paquete y volví, le tiré el paquete y volví, le... (41:305).

II. INCOMUNICACION Y SOLEDAD

«El tema de la soledad y de la incomunicación», nos dice el novelista y crítico argentino Ernesto Sábato, «es uno de los temas que caractcrizan la literatura de esta época de crisis»[1]. En *Rayuela* el tema de la incomunicación, especialmente, es fundamental (como lo es también, lo dijimos ya, en casi toda la narrativa cortazareana). Se da primeramente en el lenguaje, como problema de comunicación del hombre existencial. (Ya nos hemos referido a ello.) También aparece en *Rayuela* en ese vallado impasable que se interpone entre el hombre y la realidad que le rodea. Todo el tiempo se experimenta la sensación de una pared por medio. Los personajes se acercan los unos a los otros hasta ser íntimos objetivamente, pero no llegan a una afinidad de comunicación subjetiva; dan la impresión de estar incomunicados.

---

[1] Sábato, *Fantasmas*, pág. 174.

A pesar de estar con los demás, no consiguen estar en los
demás. Se está incomunicado, y en el momento en que un
individuo se esfuerza por mantener la secuencia de una
vibración que recibe del otro, comprueba una vez más que
se ha producido una falsa corriente entre dos polos que no
se atraen ni se rechazan[2].

Esa es la incomunicación que prevalece en la novela y
que parece seguir de cerca el concepto ontológico feno-
menológico heideggereano.

Heidegger, en su ontología fenomenológica del Dasein,
del hombre-en-este-mundo, muestra como éste al ser arro-
jado (Geworfenheit) a una situación que él no ha creado
y que no entiende y en la cual ha de quedar mientras
exista, siente un estado emocional (Stimmung) que le
revela su abandono, su soledad. Dasein se siente incomunicado con el ambiente que le rodea y con los otros
Daseins y experimenta la soledad que es corolario de la
incomunicación. De modo que la incomunicación y la
soledad, aunque pueden ser referidos a causas ambienta-
les y transitorias, son esencialmente fenómenos ontoló-
gicos del modo de ser del hombre existencial. Este concepto filosófico heideggereano lo traduce Octavio Paz
existencialmente como sigue:

> Nuestra sensación de vivir se expresa como separación y
> ruptura, desamparo, caída en un ámbito hostil o extraño.
> A medida que crecemos esa primitiva sensación se trans-
> forma en sentimiento de soledad. Y más tarde, en concien-
> cia: estamos condenados a vivir solos, ... La soledad, ...
> es la condición misma de nuestra vida[3].

---

2 Osvaldo López Chuchurra, «... Sobre Julio Cortázar», *Cuadernos Hispanoamericanos*, núm. 211 (Madrid, julio de 1967),
página 24.
3 Paz, *Soledad*, pág. 175.

Es incomunicación lo que existe entre la Maga y Horacio (18:94; 20:103) y lo que hace verter lágrimas de soledad a la Maga hasta llevarla al suicidio, al ser abandonada al fin por Horacio cuya ansia de autenticidad coincide con su incomunicación con la mujer que ama. La Maga reconoce abiertamente la incomunicación de los dos: «Hacíamos el amor como dos músicos que se juntan para tocar sonatas. ... Era así, el piano iba por su lado y el violín por el suyo y de eso salía la sonata pero ya ves en el fondo no nos encontrábamos. ...pero las sonatas eran tan hermosas» (20:109). Horacio, a su vez, declara lo paradójico de sus relaciones con la Maga: «Nos queríamos en una dialéctica de imán y limadura, de ataque y defensa, de pelota y pared» (2:26). «¿Pero no hemos vivido así todo el tiempo, lacerándonos dulcemente?» (21:116). Estaban juntos pero no acompañados. Se sentían distanciados, solos, y al mismo tiempo se extrañaban apenas estaban separados: «Entre la Maga y yo crece un cañaveral de palabras, apenas nos separan unas horas y unas cuadras y ya mi pena *se llama* pena, mi amor *se llama* amor...» (21:115). Porque aun cuando la soledad, consecuencia de la incomunicación, es una condición humana, no podemos hacernos a ella; toda nuestra vida luchamos en contra de ella. «Las penas de amor son penas de soledad. Comunión y soledad, deseo de amor, se oponen y complementan. ... La soledad es una pena, esto es, una condena y una expiación. ...Toda vida está habitada por esta dialéctica»[4].

Pero hay otra soledad a que *Rayuela* alude, la particularmente referida al hombre contemporáneo, como resultado de un modo de vivir de sujeto-objeto, en que el anonimato es la consecuencia de una vida sin propósito.

---

[4] Paz, *Soledad*, pág. 176.

Esta es la soledad de los miembros del Club de la
Serpiente, soledad en compañía, que termina con «la
Maga llorando, Guy había desaparecido, Etienne se iba
detrás de Perico y Gregorovius. Wong y Ronald miraban
un disco que giraba lentamente...» (18:94). Octavio Paz
describe esta soledad del hombre de nuestro tiempo del
modo siguiente:

> La frecuencia con que ahora se encuentra a esta clase de
> solitarios indica la gravedad de nuestros males. En la
> época del trabajo en común, de los cantos en común, de
> los placeres en común, el hombre está más solo que nunca.
> El hombre moderno no se entrega a nada de lo que hace.
> Siempre una parte de sí, la más profunda, permanece in-
> tacta y alerta. En el siglo de la acción, el hombre se espía.
> El trabajo, único dios moderno, ha cesado de ser creador.
> El trabajo sin fin, infinito, corresponde a la vida sin finali-
> dad de la sociedad moderna. Y la soledad que engendra,
> soledad promiscua de los hoteles, de las oficinas, de los
> talleres y de los cines, no es una prueba que afine el alma,
> un necesario purgatorio. Es una condenación total, espejo
> de un mundo sin salida[5].

Lo dicho queda reafirmado por las palabras de Ernesto
Sábato: «Mientras más imponente es la torre del conocimiento y más temible el poder allí guardado, más insignificante va siendo ese hombrecito de la calle, más
incierta su soledad, más oscuro su destino en la gran
civilización tecnolátrica»[6].

El tema existencialista de la Soledad en *Rayuela* está
también referido particularmente al protagonista Horacio
Oliveira, cuando voluntariamente rompe con todos para
lograr la independencia que un estilo de vida inauténtico
le impide tener. Esto lo hemos tocado de paso al tratar
con el tema de la Inautenticidad. Oliveira, al sentir que

---

5   Paz, *Soledad,* pág. 184.
6   Sábato, *Fantasmas,* pág. 67.

no puede comunicarse con nadie, dice a Gregorovius:
«Ya va siendo tiempo de que me dejen solo, solito y solo
(31:218). Y luego, cuando Gregorovius se dirige a la puerta para marcharse, Oliveira, que ha estado mencionando
direcciones y números de teléfonos, como una manera
metafórica de asentimiento a cada declaración hecha en
su contra, va tras él y lo alcanza en la puerta, y ponién-
dole «la mano abierta sobre el hombro» continúa las
citas, pero esta vez sólo las direcciones, sin los teléfonos:
«Lavalle 2099 ... Cangallo 1501. Pueyrredon 53» (31:219):

> —Faltan los teléfonos —dijo Gregorovius.
> —Empezás a comprender —dijo Oliveira sacando la mano—.
> Vos en el fondo te das cuenta de que ya no puedo decirte
> nada, ni a vos ni a nadie (Ibíd.).

La incomunicación está dada aquí simbólicamente por
la falta de teléfonos. Gregorovius entiende el símbolo que
ha estado usando Oliveira, y a su vez lo emplea para
mostrar que se ha dado cuenta de que ya no hay comunicación entre ellos. «Oh, las explicaciones», le dice Oliveira
a Gregorovius, «vos sabés... Todo es muy confuso, hermano. ...No es eso, pero lo que yo quisiera decir es justamente indecible. Hay que dar vueltas alrededor como
un perro buscándose la cola» (31:216).

En la reunión del Club, mientras Oliveira reflexiona
sobre «qué hacía allí a esa hora y con esa gente, los
queridos amigos tan desconocidos ayer y mañana, la
gente que no era más que una nimia incidencia en el
lugar y en el momento» (18:90), el fenómeno de la incomunicación se le aparece con toda claridad: «Babs,
Ronald, Ossip, Jelly Roll, Akhenatón: ¿qué diferencia?
Las mismas sombras para las mismas velas verdes»
(Ibíd.). La misma incomunicación existía entre los vivos

que con los muertos de esas voces que salían de los viejos discos:

> Si hubiera sido posible ... entender el amor de la Maga, entender cada piolincito saliendo de las cosas ... entenderlos ... como exactamente líneas de fuga para una carrera a la que hubiera tenido que lanzarse en ese momento mismo, ... salir al rellano, bajar, bajar solo, salir a la calle, salir solo, empezar a caminar, caminar solo, hasta la esquina, la esquina sola, el café de Max, Max solo, el farol de la rue de Bellechase donde ... donde solo (18:90).

Horacio siente la soledad como algo preferible a esa incomunicación, a ese estar allí como si fueran meros objetos, como cosas muertas. Siempre anheloso de absoluto, desea penetrar la esencia de «*todo eso*» que le rodea: «Si hubiera sido posible... entender... entenderlos» (18:90). Un hombre de verdadera comunicación le devora, exasperado por la incomunicación. «No inteligir: entender» (18:92). Por esto el aislamiento resulta para Horacio la medida imprescindible para su ansia de «alcanzar alguna vez una zona desde donde le fuera posible aceptarse con menos asco y menos desconfianza» (90: 473), dónde comenzará primero la verdadera comunicación consigo mismo; «una lenta retirada como cuando se empieza a visitar cada vez menos a un amigo, leer cada vez menos a un poeta, ir cada vez menos a un café, dosando suavemente la nada para no lastimarse» *(Ibíd.).* Y por encima de todo ello una sed insaciable de comunión; porque «uno de los más profundos y angustiosos problemas del hombre: el de su soledad y su comunicación»[7], trae consigo el de la comunión: «El hombre es nostalgia y búsqueda de comunión»[8]. Sí, como «un pez solo en su pecera se entristece y entonces basta ponerle

---

7 Sábato, *Fantasmas,* pág. 88.
8 Paz, *Soledad,* pág. 175.

un espejo y el pez vuelve a estar contento» (8:50). Y
«pronto la pena, pronto el orden mentido de estar solo
y recobrar la suficiencia, la egociencia, la conciencia.
Y con tanta ciencia una inútil ansia de tener lástima de
algo, de que llueva aquí dentro, de que por fin empiece
a llover, a oler a tierra, a cosas vivas, sí, por fin a cosas
vivas» (21:117).

Los temas de la incomunicación y de la soledad aparecen claramente en la novela en relación con el episodio
del accidente del escritor Morelli. Oliveira percibe la incomunicación completa que existe entre el escritor y el
camillero que lo conduce al hospital: «Allez, pépère,
c'est rien, ça!, ...un pelirrojo que debía decirle lo mismo
a todo el mundo» (22:119):

> 'La incomunicación total', pensó Oliveira. 'No tanto que
> estemos solos, ya es sabido y no hay tu tía. Estar solo
> es en definitiva estar solo dentro de cierto plano en el
> que otras soledades podrían comunicarse con nosotros si la
> cosa fuese posible. Pero cualquier conflicto, un accidente
> callejero o una declaración de guerra, provocan la brutal in-
> tersección de planos diferentes, y un hombre que quizá es
> una eminencia del sánscrito o de la física de los quanta,
> se convierte en un pépère para el camillero que lo asiste
> en un accidente *(Ibíd.)*.

Y con humorismo amargo Oliveira continúa su soliloquio acerca de la incomunicación que existe entre estas
criaturas sobresalientes y el mundo que los rodea, cuando
de repente son traídas a enfrentarse con la realidad de
una circunstancia imprevista: «Edgar Poe metido en una
carretilla, Verlaine en manos de mediecuchos, Nerval y
Artaud frente a los psiquiatras. ¿Qué podía saber de
Keats el galeno italiano que lo sangraba y lo mataba de
hambre?» *(Ibíd.)*. La consecuencia lógica de esta incomunicación «sin mala intención por supuesto» *(Ibíd.)*, es

la soledad. Estos hombres guardan silencio, se refugian detrás de una pared impenetrable, incomunicados como se sienten, de aquéllos que como en el caso del escritor Morelli, ignoran que «ese herido desnudo en una cama está doblemente solo rodeado de seres que se mueven como detrás de un vidrio, desde otro tiempo...» *(Ibíd.)*.

La rutina gregaria de lo cotidiano, «de la soledad del hombre junto al hombre» (22:120), desvía a Oliveira de sus reflexiones: «grupos de muchachas salían de los comercios, necesitadas de reír, de hablar a gritos, de empujarse, de esponjarse en una porosidad de un cuarto de hora antes de recaer en el biftec y la revista semanal. ...La más modesta objetividad era una apertura al absurdo de París» (22:119-120). Oliveira continúa sus reflexiones sobre «la soledad del hombre junto al hombre»,

> la irrisoria comedia de los saludos, el 'perdón' al cruzarse en la escalera, el asiento que se cede a las señoras en el metro, la confraternidad en la política y los deportes. ... Los contactos en la acción y la raza y el oficio y la cama y la cancha, eran contactos de ramas y hojas que se entrecruzan y acarician de árbol a árbol, mientras los troncos alzan desdeñosos sus paralelas inconciliables (22:120).

Oliveira intuye que alguna cosa está mal, «que el hombre no es sino que busca ser, proyecta ser, manoteando entre palabras y conducta alegría salpicada de sangre» (62:418). Y se dice: «*En el fondo* podríamos ser como en la superficie... pero habría que vivir de otra manera. ¿Y qué quiere decir vivir de otra manera?» (22:120). Sería sin duda «una búsqueda superior a nosotros mismos como individuos... una oscura necesidad de evadir el estado de homo sapiens [el estado de soledad] hacía... ¿qué homo?» (Palabras de Morelli —62:417). Etienne, el pintor, declara que aunque sus colores «no pretenden explicar nada», le sirven en todo caso para quitarle «un poco el mal gusto del vacío. Y esa es la mejor definición del homo sapiens» —«No es una definición sino un consuelo», objeta Gregorovius (28:191).

Horacio Oliveira continúa monologando acerca de la soledad, como que el verdadero estar con la otredad depende de la genuina posesión de uno mismo. «¿Y quién se poseía de veras?» (22:120). ¿Quién era una auténtica compañía de sí mismo? ¿Quién podía sentir la otredad de su propio yo, no sentirse incomunicado consigo mismo? «Cómo cansa ser todo el tiempo uno mismo [se dice a sí mismo Oliveira]. Irremisiblemente. ...Había que saber estar solo» (36:238):

> ¿Quién estaba de vuelta de sí mismo, de la soledad absoluta que representa no contar siquiera con la compañía propia, tener que meterse en el cine o el prostíbulo o en la casa de los amigos o en una profesión absorbente o en el matrimonio para estar por lo menos solo-entre-los-demás? Así, paradójicamente, el colmo de la soledad conducía al colmo de gregarismo, a la gran ilusión de la compañía ajena, al hombre solo en la sala de los espejos y los ecos (22:120).

Esto está ejemplificado por el mismo Oliveira: «También le hacía gracia refugiarse en un concierto para escapar un rato de sí mismo» (23:123). Ernesto Sábato se refiere a una declaración de Nicolás Berdiaeff, filósofo existencialista ruso, con respecto a esto mismo:

> Dice Berdiaeff que el yo se esfuerza en romper la soledad mediante varios intentos: el conocimiento, el sexo, el amor, la amistad, la vida social, el arte. Y agrega que si sería inexacto afirmar que la soledad no se atenúa, en cambio puede afirmarse que ninguno de esos medios es capaz de vencerla definitivamente; porque todos conducen a la objeti-

vación, y el yo no puede alcanzar al otro yo, sino en un acto de comunión interior[9].

Oliveira piensa en la falsa comunicación que existe entre la juventud, «la ilusión de la identidad con los camaradas... de los que conocíamos apenas una manera de ser, una forma de entregarse, un perfil» (78:448):

> Me acuerdo con una nitidez fuera del tiempo, de los cafés porteños en que por unas horas conseguimos librarnos de la familia y las obligaciones, entramos en un territorio de humo y confianza en nosotros y en los amigos. ... La calle, después, era como un expulsión. ... A casa que es tarde, a los expedientes, a la cama conyugal, al té de tilo para la vieja, al examen de pasado mañana, a la novia ridícula ... con la que nos casaremos, no hay remedio *(Ibíd.).*

Luego se refiere a la incomunicación con Gekrepten, su amante, a quien acepta por pura conveniencia, diciéndose con aire cínico que «sería innoble no aceptar las proposiciones de Gekrepten negarse a su infelicidad total. Y de cinismo en cinismo / te vas volviendo vos mismo. *Hodioso Hodiseo*» (78:450). Esto lo lleva a la siguiente reflexión conclusiva, de profundo sentido existencialista:

> No, pero pensándolo francamente, lo más absurdo de estas vidas que pretendemos vivir es su falso contacto. Orbitas aisladas, de cuando en cuando dos manos que se estrechan, una charla de cinco minutos, un día en las carreras, una noche en la ópera, un velorio donde todos se sienten un poco más unidos (y cierto que se acaba a la hora de la soldadura). Y al mismo tiempo uno vive convencido de que los amigos están ahí, de que el contacto existe, de que los acuerdos o los desacuerdos son profundos y duraderos. Como nos odiamos todos, sin saber que el cariño es la forma presente de ese odio, y cómo la razón del odio profundo es esta excentración, el espacio insalvable entre yo y vos,

---

9 Sábato, *Fantasmas*, pág. 157.

entre esto y aquello. Todo cariño es un zarpazo ontológico, che, una tentativa para apoderarse de lo inapoderable... *(Ibíd.).*

La soledad existencial que experimenta Oliveira y su inclusivo anhelo natural de comunión le lleva a desear entrar en la intimidad de los Traveler; lo cual expresa agregando «aches» al principio de vocablo, tratando de este modo de ridiculizar fónicamente su comportamiento:

¿Y por qué esa manía de apoderamientos espirituales, Horacio? ¿Por qué esa nostalgia de anexiones, vos que acabás de romper cables, de sembrar la confusión y el desánimo. ... Y a la vez, oh, hidiota contradictorio, te rompés literalmente para entrar en la hintimidad de los Traveler, ser los Traveler, hinstalarte en los Traveler, circo hincluido... *(Ibíd.).*

Y a renglón seguido nos presenta otro aspecto de esos falsos contactos de los unos con los otros, cuando se enfrenta con las señoras para venderles cortes de gabardina y echa mano de la acostumbrada presentación: «Vea señora qué corte. Sesenta y cinco pesos el metro por ser usted. ...Y sí, ...para hacerme un sobresueldo, tengo al pibe con raquitismo, mi mu... mi señora cose para una tienda, hay que ayudar un poco, usted me interpreta» (78:451). Oliveira dice bien, que lo más absurdo de la vida del hombre es ese falso contacto, que produce una constante incomunicación y soledad, sórdida y triste. «Algo desesperadamente vacío» (23:131). Le dice a Ronald: «Vos y yo somos dos entes, absolutamente incomunicados entre sí» (28:192). La incomunicación que experimenta Oliveira con todo lo que le rodea es captada por Gregorovius quien metafóricamente se lo expresa así a la Maga: «El cree que hace lo que quiere, que es muy libre aquí, pero se anda golpeando contra las paredes» (24:153). Pero Oliveira es consciente de ello: «Esta existencia que a veces procuro describir, este París donde me muevo como una hoja seca» (2:28). Su soledad, él mismo da cuenta también de ella cuando le confiesa a Etienne: «En el fondo la Maga tiene una vida personal... En cambio yo estoy vacío, una libertad enorme para soñar y andar por ahí, todos los juguetes rotos, ningún problema...» (155:635).

A principios del capítulo 28, capítulo que trata como vimos ya de la muerte de Rocamadour, Gregorovius está visitando a la Maga y se entera que Horacio se ha ido, sin mucha seguridad de que volvería otra vez: «No volverá... En fin, tendrá que venir para buscar sus cosas, pero es lo mismo. Se acabó, *Kaputt*» (24:153). Toda la conversación gira alrededor de Horacio, no importa por qué derroteros se desvía. Pero son puras palabras en el aire, sin comunicación entre la Maga y Gregorovius. «Hubiera sido preferible que Gregorovius se callara... dejándola fumar tranquila en la oscuridad, lejos de las formas del cuarto, de los discos y los libros que había que empaquetar para que Horacio se los llevara cuando consiguiera una pieza» (25:156). «La Maga escuchaba desde lejos... Oía cosas sueltas, la mención repetida de Horacio, del desconcierto de Horacio, de las andanzas sin rumbo de casi todos los del club, de las razones para creer que todo eso podía alcanzar algún sentido» (26:159).

—Horacio no volverá esta noche, supongo [dijo la Maga].
—Que sé yo. Horacio es como un gato, a lo mejor está en el suelo al lado de la puerta ... (26:159-160).

Andaban en la escalera.
—A lo mejor es Horacio —dijo Gregorovius.
—A lo mejor —dijo la Maga ... (28:167).

—No era Horacio —dijo Gregorovius.
—No sé. ... A lo mejor se ha sentado ahí afuera, a veces

le da por ahí. A veces llega hasta la puerta y cambia
de idea *(Ibíd.)*.

Hay una incomunicación en todas direcciones: entre
Gregorovius y la Maga, entre los miembros del Club, mencionados por Gregorovius, con el viejo de arriba que no
cesa de golpear el techo, sin saberse fijamente por qué,
con Rocamadour, ya en los últimos inadvertidos esterto-
res de la muerte, con la música de la sonata de Schoen-
berg y de Brahms, que apenas se oye, y, sobre todo, la
incomunicación entre Oliveira y Gregorovius: Oliveira
afuera y Gregorovius adentro, incomunicados doblemente,
por la Maga y por la pared:

> —'Horacio está ahí afuera', pensó Gregorovius. 'Sentado
> en el rellano, con la espalda apoyada en la puerta, oyendo
> todo' (28:170).

Gregorovius imaginaba a Horacio del otro lado de la
pared, «como una figura de tarot, algo que tiene que re-
solverse, un poliedro donde cada arista y cada cara tiene
su sentido inmediato, el falso, hasta integrar el sentido
mediato, la revelación» (28:170); es decir, algo que estaba
ahí cerca pero cuyo sentido estaba más allá de esa puerta, una figura compleja, transparente y de doble cara,
«un poliedro algo cristalino que cuaja poco a poco en la
oscuridad (28:171). «Y así Brahms, yo, los golpes en el
techo, Horacio: ...Todo inútil, por lo demás» (28:170):

> M.—Me parece que se está riendo bajito. Yo voy a ver lo
> que pasa (28:171).
>
> G.—'Ahora ella va a decir esto y afuera va a ocurrir lo
> otro y yo... Pero no sé lo que es esto y lo otro *(Ibíd.)*.

«Estábamos tan bien —murmuró Gregorovious como si
viera avanzar al ángel de la expulsión» *(Ibíd.)*. Y ahora «la

silueta de la Maga en el vano de la puerta» (28:172) formaba una figura con la pared que se interponía entre él y Horacio.

Esta incomunicación es semejante a la que siente Traveler con Oliveira, calle por medio de ventana a ventana, después de la escena del puente-tablón. Imagina a Horacio detrás de la ventana, como si de golpe hubiera de abrirla e irrumpir en su mundo, «esperando que Talita sonámbula se desgajara suavemente del cuerpo de Traveler para asomarse y mirarlo en la oscuridad» (45:320). Traveler se levanta de noche a espiar por la ventana, la ventana de Oliveira, en una actitud de miedo, efecto de la incomunicación que existe entre los dos (45:321):

—¿Por qué te levantaste anoche? [le dice Talita]. ... Decime por qué te levantaste. Fuiste hasta la ventana y suspiraste.
—No me tiré.
—Idiota.
—Hacía calor.
—Decí por qué te levantaste.
—Por nada, por ver si Horacio estaba también con insomnio, así charlábamos un rato.
—¿A esa hora? Si apenas hablan de día, ustedes dos. ... Tampoco nosotros hablamos mucho ahora. ... Pero parecería que algo habla, algo nos utiliza para hablar. ¿No tenés esa sensación? ¿No te parece que estamos como habitados? Quiero decir ... Es difícil realmente. ... Si querés que te diga la verdad ... tengo la impresión de que estamos criando arañas o ciempiés. Las cuidamos, las atendemos, y van creciendo, al principio eran unos bichos de nada, casi lindos, con tantas patas, y de golpe han crecido, te saltan a la cara (45:322 y 323).

La ilustración del proceso subjetivo de la incomunicación no puede ser más clara. Una sensación opresiva de estar incomunicados, aún por la palabra, los invade a los tres; «porque en el fondo el tablón seguía estando ahí» (45:320) y ello era una figura de Talita entre los dos como la puerta entre Gregorovius y Oliveira había sido una figura de la Maga. Horacio-la Maga-Ossip son el triángulo equivalente de Horacio-Talita-Traveler. Oliveira se lo dice a Traveler: «Nosotros somos Talita, vos y yo, un tríangulo trimegístico» (46:328-329). Y Traveler sentía que un vacío total lo invadía. «Casi hubiera preferido tener que trabajar, o sentirse enfermo, cualquier distracción» (46:324) que lo hubiera sacado de ese aislamiento y soledad.

Al fin se rompe el silencio entre Traveler y Oliveira, aunque la comunicación se hace más distante:

—Algún día te tengo que contar, si es que vale la pena, y no la vale —dijo Oliveira.
—Me gustaría —dijo Traveler.
—Sabés, todo está en el aire. Cualquier cosa que te dijera sería como un pedazo del dibujo de la alfombra (46:325).

Porque en realidad él no le podía *contar* nada a Traveler. Si empezaba a tirar del ovillo iba a salir una hebra de lana, metros de lana, lanada, lanagnórisis, lanatúrner, lannapurna, lanatomía, lanata, lanatalidad, lanacionalidad, lanaturalidad, la lana hasta lanáusea, pero nunca el ovillo (52:358).

Oliveira recurre a la jitanjáfora para traducir la impenetrabilidad de la comunicación por medio de la palabra. Al reflexionar en ello se da cuenta de que se trata de algo que «no tenía sentido directo... y que tampoco era una especie de figura o de alegoría. ...Un problema de niveles que nada tenían que ver con la inteligencia o la información, ...razones que ni siquiera... era capaz de explicarse... porque de razones no tenían nada» *(Ibíd.):*

Tr.—A veces se me ocurre como que no tendrías que haber vuelto.
O.—Vos lo pensás. Yo lo vivo. A lo mejor es lo mismo en el fondo. ... Comprendés, de a ratos se me ocurre que podría decirte... No sé, tal vez en el momento

las palabras servirían de algo, nos servirían. Pero como no son las palabras de la vida cotidiana y del mate en el patio, de la charla bien lubricada, uno se echa atrás, precisamente al mejor amigo es al que menos se le pueden decir cosas así. ¿No te ocurre a veces confiarte mucho más a un cualquiera?

Tr.—Puede ser ... Lo malo es que con esos principios ya no se ve para que sirven los amigos.

O.—Sirven para estar ahí, y en una de esas quien te dice.

Tr.—Como quieras. Así va a ser difícil que nos entendamos como en otros tiempos.

O.—En nombre de los otros tiempos se hacen las grandes macanas en éstos. Mirá, Manolo, vos hablás de entendernos, pero en el fondo te das cuenta que yo también quisiera entenderme con vos, y *vos* quiere decir mucho más que vos mismo. La joroba es que el verdadero entendimiento es otra cosa. Nos conformamos con demasiado poco. Cuando los amigos se entienden bien entre ellos, cuando los amantes se entienden bien entre ellos, entonces nos creemos en armonía. Engaño puro, espejo para alondras. A veces siento que entre dos que se rompen la cara a trompadas hay mucho más entendimiento que entre los que están ahí mirando desde afuera. Por eso ... (46: 325-327).

La conversación entre Traveler y Oliveira tiene como trasfondo los comentarios, sin entendimiento de lo que está leyendo, de don Crespo y las observaciones sin sentido de doña Gutusso (46: 327, 328 y 330). Este plano tiene el efecto de correlato objetivo del plano verdadero de incomunicación, el subjetivo de Oliveira y Traveler:

Tr.—Parece un diálogo de idiotas.

O.—De mongoloides puros.

Tr.—Uno cree que va a explicar algo, y cada vez es peor.

O.—La explicación es un error bien vestido (46: 329).

C.—En esta obra están todos piantados, a la mitad de una batalla se ponen a hablar de cosas que no tienen nada que ver (46: 330).

El tema de la incomunicación está muy de relieve en el capítulo 47. El disco actúa como conciencia de Talita que se oye a sí misma sin entenderse. «'Soy yo, soy él. Somos, pero soy yo primeramen...' ¿Y por qué, por qué decir eso? 'Soy yo, soy él. Soy yo, soy él'» (47:333). Y entonces Talita se sorprende a sí misma «hablando, hablando de nada, oyéndose hablar:

> Soy yo, soy él, lo había dicho sin pensarlo, es decir, que estaba más que pensado, venía de un territorio donde las palabras eran como los locos en la clínica, entes amenazadores o absurdos viviendo una vida propia y aislada, saltando de golpe sin que nada pudiera atajarlos: Soy yo, soy él, y él no era Manú, él era Horacio, el habitador, el atacante solapado, la sombra dentro de la sombra de su pieza por la noche, la brasa del cigarrillo dibujando lentamente las formas del insomnio (47:334).

La incomunicación la siente Talita repugnantemente «como un terreno baldío lleno de latas retorcidas, ganchos que podían lastimar los pies, charcos sucios, pedazos de trapo enganchados en los cardos» (47:333), todas metáforas que reflejan la vaciedad, la fatuidad, la incompresión, la susceptibilidad y los malos entendidos que crea la falta de correspondencia. «Un agazapamiento sin explicaciones de-este-lado-de-las-cosas» (47:335).

Los temas existencialistas de la Incomunicación y de la Soledad en *Rayuela*, alcanzan su culminación en los capítulos 54, 55 y 56, los últimos de la novela-novela. Es obvio que la vida del protagonista se va estrechando más y más, tanto espacial y temporalmente como interiormente, dentro de dos etapas existenciales: París y Buenos Aires. O dicho más específicamente, a través de tres situaciones: el Club (París) y el circo y el asilo de alineados (Buenos Aires); hasta alcanzar una incomunicación y soledad absolutas.

La vida de Horacio Oliveira en París, que la referiremos al Club como representación de ese período, se manifiesta hacia afuera, suelta, abierta, yendo y viniendo holgadamente, ocasionando encuentros múltiples con muchísima gente; el ambiente es internacional. En lo subjetivo, una actitud sin ambajes ni disimulos: Oliveira no se oculta; su intelectualismo es extremo y casi asfixiante; tiene conciencia del estilo de vida inauténtico que le rodea y se empeña en la búsqueda de un nuevo Orden que llegue a suplantar la falsa realidad.

Su vida en Buenos Aires está representada primeramente por el circo, y muestra a Oliveira en un ambiente mucho más circunscrito, en una vida más hacia dentro, más a la manera de un circo, de apariencia y disimulo. La influencia del clima: calor y humedad sofocantes, restringe su movilidad andariega de antes y le obliga al recogimiento y a una desidia pasiva. En lo subjetivo, se nota el falsete de la vida, las dos caras (como representación de circo), los dos estados psíquicos porque está pasando Oliveira, especialmente en el doble que forma con Traveler. Vive más bien de la nostalgia del recuerdo de la Maga, mayormente por causa de su gran parecido con Talita, cuya presencia le acompaña de continuo.

El segundo período de la vida de Oliveira en Buenos Aires, representado por el asilo de alineados, lo muestra constreñido aún más hacia adentro, hacia su mundo interior. En lo espacial la reducción es casi completa, en consonancia con un asilo; hay muy someros contactos con el mundo exterior. De aquí que lo espacial objetivo sea compensado por lo espacial subjetivo, en visiones que se expanden hasta alcanzar dimensiones cósmicas. El espacio real objetivo queda reducido al fin al estrecho recinto de una pieza, donde aparece restringido aún más por el entrelazamiento laberíntico de los piolines y los rulemanes y los cubos y una lata vacía y las escupideras y las palanganas, todos con agua, los cuales Oliveira ha instalado en su pieza, a manera de barricada, como defensa propia contra Traveler, a quien él imagina, en su falta de juicio, que ha de venir para matarlo. En lo subjetivo, Oliveira ha trascendido el ámbito de lo interior en una búsqueda metafísica más allá de sí mismo y de la realidad, más allá de los símbolos que la rayuela que ve por la ventana en el patio le sugiere señalándole derroteros trascendentes e infinitos. Oliveira persigue su destino por un proceso de incomunicación absoluta con todo lo que le rodea, que habrá de culminar en la abolición del yo personal:

> Al final iba a quedar acorralado entre la ventana, un lado del escritorio ... y la cama ... Entre la puerta y la última línea se tendían sucesivamente los hilos anunciadores (del picaporte a la silla inclinada, del picaporte a un cenicero del vermut Martini puesto en el borde del lavatorio, y del picaporte a un cajón del ropero, lleno de libros y papeles, sostenido apenas por el borde), las palanganas acuosas en forma de dos líneas defensivas irregulares, pero orientadas en general de la pared de la izquierda a la de la derecha, o sea desde el lavatorio al ropero la primera línea, y de los pies de la cama a las partes del escritorio la segunda línea. Quedaba apenas un metro entre la última serie de palanganas acuosas, sobre la cual se tendían múltiples hilos, y la pared donde se abría la ventana sobre el patio (dos pisos más abajo) (56:386-387).

La incomunicación que establece este parapeto laberíntico entre Oliveira y Traveler, si bien lo es en el plano natural y objetivo, lo es más en el plano trascendente, en el que Oliveira, bajo el impacto de una condición paranoica espera verse atacado por Traveler y crea sus propias defensas. Pero donde alcanza la incomunicación su máximo significado es en el plano metafísico, dado por una realidad que funciona como símbolo de una ultrarrealidad. (A esto nos referimos al tratar con el tema existencialista de la Trascendencia).

Oliveira ha llegado a una absoluta incomunicación de su yo con el mundo exterior. Ha quedado incomunicado hasta el punto que sólo le queda el salto en el vacío, la ventana que da al patio, por donde no se sabe si se tiró o no, y que funciona como una figura de significación semejante a la de la puerta y del puente-tablón a que nos referimos antes. Su incomunicación de Traveler hace exclamar a éste: «Solamente que me has acorralado a un punto que ya no sé qué hacer» (56:394). Por otro lado, Oliveira se da cuenta de su aislamiento y su soledad. Le dice a Traveler: «La única diferencia real entre vos y yo en este momento es que yo estoy solo» (56:398). La crisis de su incomunicación y de su soledad existencial están dadas espacialmente. (Toda *Rayuela* se da en el espacio; éste cumple una función real, trascendente y metafísica).

La experiencia de incomunicación y soledad del protagonista de la novela, creemos que es símbolo de la incomunicación del hombre con la realidad misteriosa e impenetrable que le rodea. Un ejemplo en *Rayuela* de esta incomunicación del hombre, la cual, por cierto, ha preocupado al individuo y le seguirá inquietando, es el de los sueños. «Traveler se obstinaba secretamente en buscar las correspondencias» (143:610) de los sueños de Talita y los suyos:

> Habían dormido con las cabezas tocándose y ahí, en esa inmediatez física, en la coincidencia casi total de las actitudes, las posiciones, el aliento, la misma habitación, la misma almohada, la misma oscuridad, el mismo tictac, los mismos estímulos de la calle y la ciudad, las mismas radiaciones magnéticas, la misma marca de café, la misma conjunción estelar, la misma noche para los dos, ahí estrechamente abrazados, habían soñado sueños distintos, habían vivido

aventuras disímiles, el uno había sonreído mientras la otra había huido aterrada, el uno había vuelto a rendir un examen de álgebra mientras la otra llegaba a una ciudad de piedras blancas (143:609-610).

Traveler quedaba perplejo frente a esa incomunicación de dos seres que parecían estar ligados indisolublemente por cada acto de la vida. «Sentía la barrera infranqueable, la distancia vertiginosa que ni el amor podía salvar. ... Las cabezas dormían tocándose y en cada una se alzaba el telón sobre un escenario diferente» (143:610-611). Una contradicción que era como una locura. Oliveira y Traveler habían llegado a pensar que «soñando nos es dado ejercitar gratis nuestra aptitud para la locura» (80:456).

En el sueño de Anais Nin (110:534), la figura enigmática y misteriosa de la torre de que se compone el sueño está formada por un laberinto de espirales que van hasta el infinito y hasta las entrañas de la tierra: un laberinto de ondas en espiral sin principio ni fin. «No había ni techo ni fondo, ni paredes ni regreso. Pero había temas que se repetían con exactitud» (Ibíd.). Lo único que aparece como real y comunicable son los temas que se repiten, como símbolos, creemos, del continuo devenir de la vida del hombre existencial: la existencia misma repitiéndose como temas eternos, en ondas concéntricas. Es posible que la estructura de Rayuela se preste a la interpretación del sueño de Anais Nin, en «los temas que se repetían con exactitud» (los triángulos Oliveira-Maga-Ossip y Oliveira-Talita-Traveler, la correlación entre París y Buenos Aires, los dobles Oliveira-Ossip y Oliveira-Traveler, etc.). Sin embargo, creemos que esos temas que se repiten en el sueño de Anais Nin aluden más bien a la existencia misma de la criatura humana, como hemos dicho antes; lo único que es real y se repite dentro de esa impenetrabilidad laberíntica que baja al abismo y se alza al infinito en el sueño, y que vendría a ser como un símbolo a su vez del misterio que envuelve al hombre.

III. ANGUSTIA

El tema existencialista de la Angustia en la novela
Rayuela responde en primer lugar a lo que esencialmente
en la garantía del hombre: un modo de ser del hombre
existencial que se revela frente a la nada que le rodea.
El hombre en-este-mundo se angustia por la nada; es la
nada lo que se le revela en la angustia. La angustia existencial resulta, pues, del encuentro dramático del hombre
con la Nada, que él siente como una amenaza desu propia
existencia. Y no importa cual es la causa inmediata que
produce la angustia (con sus variaciones congéneres de
tedio, melancolía, desesperación), en el fondo siempre
es debida a esa misma experiencia de vacío y de inseguridad y de revelación súbita de la nada y de la bana-
lización de la existencia. Esta experiencia existencial se
describe en *Rayuela*:

Me estoy atando los zapatos, contento, silbando, y de pronto la infelicidad. Pero esta vez te pesqué, angustia, te sentí previa a cualquier organización mental, al primer juicio de negación. Como un color gris que fuera un dolor...: 'Y ahora vivir otro día, etc.' De dónde se sigue: 'Estoy angustiado *porque* ... etc. (67:426).

Me desperté y vi la luz del amanecer en las mirillas de la persiana. Salía de tan adentro de la noche que tuve como un vómito de mí mismo, el espanto de asomar a un nuevo día con su misma presentación, su indiferencia mecánica de cada vez: conciencia, sensación de luz, abrir los ojos; persiana, el alba. En ese segundo, ... medí el horror de lo que tanto maravilla y encanta a las religiones: la perfección del cosmos, la revolución inacabable del globo sobre su eje. Náusea, sensación insoportable de coacción (*Ibíd.*).

El tema de la angustia tiene también su razón de ser en *Rayuela* como fenómeno de época, frente a los complicados problemas del hombre actual. «Nuestro tiempo», declara Ernesto Sábato, «es el de la desesperación y la angustia»[1]. Y el pensador existencialista alemán Joachim von Rintelen afirma que la característica de nuestro tiempo es la angustia y la falta de esperanza.[2] Esto se nota especialmente en el ambiente de las reuniones del Club de la Serpiente, atmósfera reveladora del vacío y de la angustia del momento de la acción de la novela (1950), en correspondencia, a su vez, con las características en general de la época. Al tratar con el tema de la Soledad dijimos que las reuniones orgiásticas del Club eran un estar solo en compañía; esto es, un fallido esfuerzo de evasión de la soledad, del huir de esa «vieja tristeza anacreóntica», que en las reuniones del Club se traduce en un «carpe diem Chicago 1929»:

---

1 Sábato, *Fantasmas*, pág. 52.
2 Joachim von Rintelen, *Beyond Existentialism*, tr. Hilda Graff (London: George Allen and Unwnin Ltd., 1961), pág. 222.

You so beautiful but you gotta die some day,
You so beautiful but you gotta die some day,
'All I want's a little lovin' before you pass away (16:80).

Esta tristeza o soledad de siempre no es esencialmente
otra que la angustia inmanente del hombre frente a la
condición ontológica de criatura arrojada en-este-mundo
y de su encuentro con la nada. Es esta angustia la que el
hombre lleva en lo profundo de su ser, no importa cómo
le vaya en la vida. Pero en las reuniones del Club la
angustia es también reflejo de una condición particula-
rísima del hombre contemporáneo. Un ejemplo muy claro
de ello es el del sentimiento angustioso por la realidad
que les rodea que sienten Babs y Oliveira.

Concentrados en la música de unos Blues (Empty
Bed Blues), cantados por Bessie Smith «una noche de
los años veinte en algún rincón de los Estados Unidos»
(12:64), «Ronald había cerrado los ojos, . También Wong
y Etienne habían cerrado los ojos, la pieza estaba casi
a oscuras y se oía chirriar la púa en el viejo disco, a
Oliveira le costaba creer que todo eso estuviera sucediendo» *(Ibíd.):*

Babs estaba ... completamente borracha y lloraba en silencio escuchando a Bessie, sollozando para adentro para no
alejarse para nada de los blues de la cama vacía, la mañana siguiente, los zapatos en los charcos, el alquiler sin
pagar, el miedo a la vejez, imagen cenicienta del amanecer
en el espejo a los pies de la cama, los blues, el cafard
infinito de la vida *(Ibíd.).*

Las reflexiones de Oliveira traducen la angustia de Babs:
«¿Por qué allí, por qué el Club, esas ceremonias estúpi-
das, por qué era así ese blues cuando lo cantaba Bessie?
...No puede ser que· esto exista, que realmente estemos
aquí» *(Ibíd.).*

O.—No llores, Babs, ... Todo esto no es verdad.
B.—Oh, sí, oh sí que es verdad ... Oh, sí que es verdad.
O.—Será, ... pero no es la verdad.
B.—Como esas sombras ... y uno está tan triste Horacio, ...
   Pero todo eso, el canto de Bessie, el arrullo de Coleman
   Hawkins, ¿no eran ilusiones, y no eran algo todavía
   peor, la ilusión de otras ilusiones. ...? Pero Babs llora-
   ba, Babs había dicho: 'Oh sí, ob sí que es verdad', y
   Oliveira, ... sentía ahora que la verdad estaba en eso, en
   que Bessie y Hawkins fueran ilusiones ... (12:65).

Como lo eran ellos mismos también.

Babs y Horacio reflejan la angustia del vacío en que
están sumergidos todos; la de una realidad falsa y sin
esperanza. Puede notarse en la actitud de cada uno de
ellos y en sus conversaciones esqueléticas y en los blues
y en Bessie hecha presencia y en el vaivén sin sentido
de la vida de unos y otros. «La vida había sido eso, trenes
que se iban llevándose y trayéndose a la gente mientras
uno se quedaba en la esquina con los pies mojados...»
(17:85). Y Oliveira se sorprende de verse a sí mismo llorando también: «¿Por qué estas llorando? ¿Quién llora,
che»? (18:92), diciéndose: «No puede ser que estemos
aquí para no ser» (Ibíd.). «Por más que me pese nunca
seré un indiferente como Etienne, ...Lo que pasa es que
me obstino en la inaudita idea de que el hombre ha sido
creado para otra cosa» (15:73).

Por otra parte, los personajes de Rayuela dan la impresión de estar viviendo sus vidas como les ha sido
dadas, siguiendo sus propias circunstancias, sin parecer
inquietarles demasiado los resultados. De aquí que el
fenómeno de la angustia no aparezca las más de las veces
abiertamente sino escondido entre los pliegues de esa actitud que pretende ser indiferente en algunos y cínica o
escéptica en otros. Dice Etienne, escépticamente resig-
nado: «No es que haya que intentar vivir, puesto que la

vida nos es fatalmente dada. ... La vida se vive a sí
misma, nos guste o no» (28:196). Lo que viene a ser,
que la vida se va viviendo sola, con todos los altiba-
jos mutaciones y peripecias que resultan de una existencia
sin sentido, por un lado, y del entrelazamiento con otras
vidas, por el otro; sin dejar fuera la influencia de factores
que sobrepasan la libre elección del hombre, tales como
los del mundo de los de los fenómenos ónticocosmológi-
cos. En todo ello está implícito en la novela el concepto
fundamental del existencialismo: que la existencia precede
a la esencia. También Morelli lo enuncia, hablando con
Oliveira:

> —Usted escribe, supongo.
> —No —dijo Oliveira—. Qué voy a escribir, para eso hay
> que tener alguna certidumbre de haber vivido.
> —La existencia precede a la esencia —dijo Morelli sonrien-
> do (154:626).

En esa expresión de Etienne, «la vida nos es faltalmente
dada.» está también implícita la condición desesperanzada del hombre cuando se encuentra lanzado en-este-
mundo por fuerzas desconocidas y se angustia por la
nada que le rodea.

Hay un caso en la novela en el cual la angustia se da
manifiestamente y con intensidad. Ese caso es el de la
Maga. La angustia de la Maga es el resultado, básicamente,
del fracaso de las leyes de su vida; pues «sufría de verdad
cuando regresaba a sus recuerdos y a todo lo que oscuramente necesitaba pensar y no podía pensar» (5:43). Ese
llegar tarde para todo, esa nada que es el vacío de su
vida, como un hueco que comenzando desde bien atrás,
desde el mismo comienzo, continúa siendo hueco todavía,
sin que haya habido nada que lo llenara o lo cerrara.

Horacio, monologando con la Maga después de que ella
se ha ido y probablemente se ha suicidado, dice:

Vos estabas convencida de que esas lecturas te permitirían
comprender el micro y el macrocosmos. ... No había manera
de hacerte comprender que así no llegarías nunca a nada,
que había cosas que eran demasiado tarde y otras que eran
demasiado pronto, y estabas siempre al borde de la desesperación en el centro mismo de la alegría y el desenfado,
había tanta niebla en tu corazón desconcertado ... (34:229-
230). Había tanto tiempo perdido en vos, eras de tal manera
el molde de lo que hubieras podido ser bajo otras estrellas
(34:231-232).

Dice la Maga en una carta que le escribe a Rocamadour: «... porque el mundo ya no importa si uno no tiene
fuerzas para seguir eligiendo algo verdadero» (32:223).
Y ahora en el Club, después de haberle contado a Gregorovious, delante de los demás, su desfloramiento por el
negro Irineo, cuando ella tenía sólo trece años (15:77),
contándoselo por una necesidad del espíritu, como una
manera de aflojar un poco la presión obstinada del recuerdo que lleva siempre consigo de aquel momento
abominable, la Maga se siente angustiada de abandono.
«Desvalida, se le ocurrían pensamientos sublimes, ... la
blanda aceptación de la fatalidad que exigía cerrar los
ojos y sentir el cuerpo como una ofrenda, algo que cualquiera podía tomar y manchar y exaltar como Irineo»
(16:81); una vejación que seguía repitiéndose, un vacío
convertido en un larguísimo tubo de anillos concéntricos
que la asfixiaban. Y la música de Earl Hines, «*I ain't got
nobody, and nobody cares for me*» coincidía con su estado de ánimo; manchas rojas y azules que bailaban por
dentro de sus párpados y se llamaban, no se sabía por
qué, Volaná y Valené» (16:81). «Horacio estaba ahí pero
nadie se ocupaba de ella, nadie le acariciaba la cabeza,

... los párpados le dolían a fuerza de apretarlos» (16:82). Y cuando dieron por terminada la orgía, alejándose cada uno por su lado como desertores (18:94), sucios y menoscabados como Ossip (16:82), «la Maga estaba llorando» (18:94). Es la angustia de lo irremediable, del ser como se es, del regreso imposible, de la misma nada.

Esta angustia es la que también se desborda en llanto cuando la Maga contempla el cuadro que ha pintado Etienne, según éste se lo cuenta a Ronald:

> Una noche subí a mi taller, la encontré delante de un cuadro terminado esa mañana. Lloraba como lloraba ella, con toda la cara, horrible y maravillosa. Miraba mi cuadro y lloraba. No fui bastante hombre para decirle que por la mañana yo también había llorado. Pensar que eso le hubiera dado tanta tranquilidad, vos sabés cuánto dudaba, cómo se sentía poca cosa rodeada de nuestras brillantes astucias (142:606 y 607).

Ella podía ver pedazos de su vida en el lienzo, ella podía captar la angustia de la criatura humana, porque la había experimentado hondamente: «La pobre entendía tan bien muchas cosas que ignorábamos a fuerza de saberlas» (142:606).

Horacio se refiere a las ocasiones en que la Maga le contaba su vida: «Entonces la Maga se anima un poco y empieza a hablarme mal de su madre, a la que quiere y detesta en proporciones dependientes del momento. ... De golpe es un nudo siniestro, una especie de pantano de sanguijuelas y garrapatas que se persiguen y se chupan» (138:598); sensaciones de una realidad maligna y consumidora. Y «la Maga no puede seguir mucho rato, en seguida se larga a llorar, esconde la cara contra mí, se acongoja a un punto increíble» (Ibíd.). Al ultraje asqueroso de la adolescencia había precedido el atropello sin escrúpulos de la infancia. Le dice Gregorovious:

—Lo que yo quería era entender un poco mejor su vida, eso que es usted y que tiene tantas facetas.
—Mi vida —dijo la Maga—. Ni borracha la contaría. Y no me va a entender mejor porque le cuente mi infancia, por ejemplo. No tuve infancia, además. ... Le voy a decir una cosa, a veces sueño con la escuela primaria, es tan horrible que me despierto gritando. Y los quince años, yo no sé si usted ha tenido alguna vez quince años. ... Yo sí, en una casa con patio y macetas donde mi papá tomaba mate y leía revistas asquerosas (12:61 y 62).

Toda su vida, como le dice ella a Horacio, «son pedazos, cosas que me fueron pasando» (19:96), sin unidad, sin orden alguno, un puro desconcierto.

Se menciona muchas veces en la novela que la Maga llora. Las más de las veces su llanto es reflejo de esa angustia desgarradora que lleva escondida en el fondo del alma; pero a esto se suma el trato cínico que le da Horacio, quien tarde vendrá a darse cuenta de lo mucho que la ama. Esa falta de consideración de Horacio produce en la Maga ya no pesar sino una verdadera angustia, porque se da cuenta que todo lo que le pasa es efecto de la misma causa: su desgraciado pasado.

La Maga lo apretó contra ella, se fue resbalando hasta ceñirle las rodillas, temblando y llorando.
—¿Por qué te afligís así —dijo Oliveira. ... Te prometo una cosa: acordarme de vos a último momento para que sea todavía más amargo. Un verdadero folletín, con tapa en tres colores.
—No te vayas —murmuró la Maga, apretándole las piernas.
—Una vuelta por ahí nomás.
—No, no te vayas (20:110 y 111).

Es angustia también la que se refleja en sus celos de Pola, cuando le dice a Ossip:

Y Pola estaba ahí cuando él entraba, y en su manera de mirar, y cuando Horacio se desnudaba ahí, en ese rincón, y se

bañaba..., entonces de su piel iba saliendo Pola, yo la veía
como ectoplasma y me aguantaba las ganas de llorar pensando que en casa de Pola yo no estaría así, nunca Pola me sos-
pecharía en el pelo o en los ojos o en el vello de Horacio
(27:166).

Una de las angustias más deprimentes de la Maga es
esa de sentirse ignorante y torpe en medio del grupo de
intelectuales del Club a donde va como amante de Horacio. Oliveira se da cuenta que «dentro del Club la Maga
funcionaba mal» (4:38). Los del Club se irritan «por
tener que explicarle casi todo lo que se estaba hablando»
(Ibid.); si bien —«aunque la cubrieran de insultos a la
menor ocasión (4:39) o tuvieran que «decirle ... que era
una inconsciente» (4:38) por su falta de comportamiento— «todo el mundo aceptaba en seguida a la Maga como
una presencia inevitable y natural» (4:39) y lo mismo
«le estaban agradecidos» (Ibid.). «Todos suspiraban
cuando ella hacía alguna pregunta. Horacio y sobre todo
Etienne, porque Etienne no solamente suspiraba sino que
resoplaba, bufaba y la trataba de estúpida» (25:157),
porque le «irritaba su tontería» (142:606). Así que cuando
se esfuerzan por explicarle, a sus preguntas, la filosofía
de Zen o los rudimentos de la metafísica (4:40), llegan a
la conclusión de que «era insensato querer explicarle
algo a la Maga. ... Para gentes como ella el misterio empezaba precisamente con la explicación. La Maga oía
hablar de inmanencia y trascendencia y abría unos ojos
preciosos que le cortaban la metafísica a Gregorovious»
(4:41).

Ronald comenta que la Maga «no era capaz de creer
en los nombres, tenía que apoyar el dedo sobre algo y
sólo entonces lo admitía» (142:606). Horacio la menoscaba: «Es increíble lo que te cuesta captar las nocio-
nes abstractas. Unidad, pluralidad ... ¿No sos capaz de

sentirlo sin necesidad de ejemplos? No, no sos capaz» (19:95 y 96). Pero «su tontería era el precio de ser tan vegetal, tan caracol, tan pegada a las cosas más misteriosas» (142:606). Y la Maga escucha humildemente las explicaciones de ellos y se aplica a aprender, «cosa que siempre hacía con gran intensidad hasta que la distracción venía a salvarla» (12:61). «Al final llegaba a convencerse de que había comprendido el Zen, suspiraba fatigada» (4:41). En otras ocasiones «la Maga terminaba siempre por enroscarse como un gato en un sillón, cansada de incertidumbre, mirando como amanecía sobre los techos de pizarra, a través ... de una noche ardorosamente inútil» (141:605).

Todo esto entristece a la Maga y le hace pensar resentida: «Es tan violeta ser ignorante» (25:157). Y «cada vez que alguien se escandalizaba de sus preguntas, una sensación violeta [la de la modestia humillante], una masa violeta envolviéndola por un momento. Había que respirar profundamente y el violeta se deshacía, se iba por ahí, se dividía en multitud de rombos violeta» (25: 157 y 158), alusivos a tantos aspectos bajos de su vida.

La angustia del amor que siente la Maga por Horacio siempre va mezclada con ese trato degradante que recibe de los del Club, por su ignorancia intelectual y su falta de comportamiento adecuado. Lo notamos especialmente en dos ocasiones. Cuando Horacio se ha ido y la visita Gregorovious, éste, conversando con ella provoca una de sus fastidiosas preguntas. Gregorovious suspira, como de costumbre, molesto, y la Maga siente que «ya casi no le importa el suspiro de Gregorovious, después de Horacio poco podían importarle los suspiros de nadie cuando hacía una pregunta, pero de todos modos siempre quedaba la mancha violeta por un momento, ganas de llorar...» (*Ibíd.*). Es obvio que su resentimiento por la humi-

llación que recibe de continuo de todos ellos disminuye
con la ausencia de Horacio. Es por causa de él que todo
disminuye o crece en importancia, aminorando y aumen-
tando su angustia.

La otra ocasión en que las dos angustias de la Maga
están relacionadas es cuando en la misma conversación
con Gregorovious la Maga se refiere al por qué Horacio
le hace el amor a Pola dejándola sola a ella. Gregorovious
le dice:

> —Probablemente Horacio buscaba algo que usted no le daba,
> supongo.
> —Horacio busca siempre un montón de cosas —dijo la
> Maga—.
> Se cansa de mí porque no sé pensar, eso es todo. Me ima
> gino que Pola piensa todo el tiempo (27:164).
> Porque no sé pensar y él me desprecia, por esas cosas
> (27:166).

Sin embargo, «solamente Oliveira se daba cuenta de
que la Maga se asomaba a cada rato a esas grandes terrazas sin tiempo que todos ellos buscaban dialécticamente»
(4:41). El nota que la Maga responde a otra estructura
(o a otra experiencia), no obstante que la menoscaba y
la entristece todo el tiempo como los demás.

Creemos que la angustia de la Maga constituye el
ejemplo más objetivo del tema existencialista de la angustia en *Rayuela*. Además la interpretación existencial
de la Maga en el contexto total de la obra emerge de las
causas de esta misma angustia, según se desprende del
comentario siguiente del profesor Carlos Monsiváis:

> Así la Maga ... resulta el laberinto de la intuición y el ins-
> tinto, el rechazo de las explicaciones, la inutilidad del si-
> logismo. La Maga nos ofrece la versión sensorial, ceñida de
> *Rayuela,* la cópula como entendimiento, la indefensión abso-
> luta como escudo y armadura. Si Oliveira ... elige una incon-

ducta para rechazar los esquemas de vida a que convoca el
Establishment cultural de Occidente, la Maga elige una des-
explicación de las cosas para mejor entenderse y avenirse
con el mundo. La suya no es la reacción de la ignorancia
autosuficiente, sino de los otros caminos para advenir al
conocimiento[3].

Concretando, pues, diremos que la angustia existencial de los miembros del Club refleja la ansiedad y el
vacío del hombre contemporáneo, quien no hallando salida a su gran problema, pretende mostrarse indiferente
ocultándose y olvidándose detrás de los placeres y el
vicio y los entretenimientos. La angustia existencial de
la Maga, es la propia de la criatura humana atormentada
y problemática de todos los tiempos. Y la angustia existencial del protagonista es la que, como tal, define el
sentido existencialista de la novela. La angustia de Oliveira es rigurosamente existencial, por su preocupación
por el destino del hombre y porque revela un carácter
intencional estático o trascendente del yo más allá de
sí mismo, mostrando las posibilidades que se abren a la
criatura humana para la realización de su ser existencial.
El motivo más puro de la novela, que es el de despertar al
hombre a sus posibilidades infinitas, está dado en esa angustiosa búsqueda de Oliveira por un absoluto. (De ello
hablaremos al tratar con el tema de la Trascendencia).

---

3 Carlos Monsiváis, «Bienvenidos al universo Cortázar», *Revista de la Universidad de México*, vol. XXII, núm. 9 (mayo de 1968),
página 9.

IV. AMOR

El tema existencialista del Amor en *Rayuela* sigue la nueva corriente en literatura que mencionamos al tratar con el tema del absurdo, la cual comienza a notarse desde mediados del siglo xx. Desde entonces se hace más fuerte el concepto del amor como un modo de ser del hombre existencial, como un sentimiento natural que no puede sujetarse exclusivamente a preceptos morales preestablecidos convencionalmente. De acuerdo a la nueva corriente, el amor tiene en sí mismo su propia moral, que emerge naturalmente y primariamente de su necesidad de comunión. Dice Octavio Paz:

> Las penas de amor son penas de soledad. Comunión y soledad, deseo de amor, se oponen y complementan. ... Y le pedimos al amor —que, siendo deseo, es hambre de comunión ...—que nos dé un pedazo de vida verdadera[1].

---

[1] Paz, *Soledad*, págs. 176 y 177.

Esa comunión en el amor parece conseguirse principalmente por medio del acto sexual. De aquí sin duda, que el hombre actual atribuye al amor sexual una importancia singular extraordinaria. El cuerpo ha venido a tener un sentido sagrado. Esto se nota tanto en la vida real como en el mundo de la ficción. Ernesto Sábato da una idea clara de ello:

> El sexo, por primera vez en la historia de las letras, adquiere una dimensión metafísica. ... El amor, supremo y desgarrado intento de comunión, se lleva a cabo mediante la carne; y así, a diferencia de lo que ocurría en la vieja novela, en que el amor era sentimental, mundano o pornográfico, ahora asume un carácter sagrado. ... De tal modo que el siglo que vivimos es el tiempo en que el espíritu puro ha sido reemplazado, en lo que a la problemática del hombre se refiere, por el espíritu encarnado[2].

Este sentido metafísico del amor nos acerca a *Rayuela*. Oliveira explica su amor con la Maga trascendentemente: «La Maga no sabía que mis besos eran como ojos que empezaban a abrirse más allá de ella, y que yo andaba como salido, volcado a otra figura del mundo» (2:27). En la fusión de los cuerpos Oliveira siente el amor como un «ceremonia ontologizante, dadora del ser» (22: 120), como una manera de realizarse existencialmente. Se sentía a sí mismo traspasar los términos de la comunión en la carne para alcanzar la comunicación con el espíritu, una como epifanía que le anticipara una esperanza restauradora.

> Por qué no había de amar a la Maga y poseerla bajo decenas de cielos rasos ... si en esa vertiginosa rayuela, ... yo me reconocía y me nombraba..., en un aire donde las últimas ataduras iban cayendo y el placer era espejo de reconciliación, ... algo como un sacramento de ser a ser, danza en torno al arca ... (21:115).

---

2 Sábato, *Fantasmas*, pág. 88.

También «alguna vez había creído en el amor como enriquecimiento, exaltación de las potencias intercesoras. Un día se dio cuenta de que sus amores eran impuros porque presuponían esa esperanza, mientras que el verdadero amante amaba sin esperar nada fuera del amor» (90:477). «Todo el tiempo él había esperado de esa alegre embriaguez algo como un despertar, un ver mejor algo que lo circundaba» (92:479). Esto concuerda con la experiencia amorosa que describe Sábato: «En el éxtasis amoroso ... el hombre se coloca fuera del tiempo, convierte el instante en absoluto. En ese momento teopático entra en contacto con la eternidad»[3]. Y Oliveira lo siente así aun en los casos extremos: Cuando se va a los vagabundos del Sena (pensando que son la representación misma del despojamiento de lo falso y de lo ruin del mundo que acaba de abandonar) piensa «reinventar el amor como la sola manera de entrar alguna vez en su kibbutz» (36:247), si bien hundiéndose, como Heráclito el Oscuro, en la mierda de ellos, «como una acepción en la náusea» (Ibíd.). «Algo le decía que también allí había kibbutz, que detrás, siempre detrás había esperanza de kibbutz» (36:247).

De aquí que para Oliveira el amor es un instrumento existencial para alcanzar una experiencia más allá de la existencia misma, una vislumbre de lo absoluto; «un instante, sólo un instante, de vida plena, en la que se fundan los contrarios y vida y muerte, tiempo y eternidad, pacten. ... Creación y destrucción se funden en el acto amoroso; y durante una fracción de segundo el hombre entrevé un estado más perfecto»[4].

Para la Maga, en cambio, el amor resulta ser lo que había sido su intento primario para el hombre existen-

---

[3] Sábato, *Fantasmas*, pág. 177.
[4] Paz, *Soledad*, pág. 177.

cial: la comunión entre dos personas, como una manera
de deleite espiritual en el cuerpo. Es natural que ella,
tan necesitada de compañía y de comprensión y no en-
contrándolas en ninguna parte, se refugie en el acto
erótico, para experimentar aunque sólo sean por los bre-
vísimos momentos en que dura el juego de la pasión, esa
ansia afrodisíaca del alma. Sin embargo, su sensibilidad
amorosa es tierna y exquisita. Da muestra de ello la
siguiente escena y los comentarios que la Maga hace del
amor de la clocharde, en una ocasión en que se va con
Horacio a pasear por el Sena, donde se alojan los vagabundos. La escena tiene como trasfondo los celos de la
Maga por los encuentros amorosos de Horacio con Pola.
Amores de distintos niveles y calidades aparecen en la
escena:

> M.—¿Por qué te acostaste con Pola?
> O.—Una cuestión de perfumes ... Me pareció que olía a can-
> tar de los cantares, a cinamomo, a mirra, esas cosas.
> Era cierto además.
> M.—La clocharde no va a venir esta noche. Ya tendría que
> estar aquí, no falta nunca (108:527).
>
> M.—Contame de Pola. ...
> O.—Pola no existe, lo sabés. ¿Dónde está? Mostrámela
> (*Ibíd.*).
>
> O.—Tiens, la clocharde qui s'amène. Che, pero está deslum-
> brante. ... Está maravillosa ... Viene a seducir a los
> del puente.
> M.—Se ve que está enamorada (108:528).
>
> M.—Mirá como se quieren —dijo la Maga. Se miran de una
> manera. ... Se quieren, Horacio, se quieren. ... (108:529).
>
> O.—Parece un oso.
> M.—Es tan feliz —dijo la Maga (108:530).

Es evidente la necesidad de amar que tiene la criatura
humana, no importa cuan bajo descienda. El amor es un

fenómeno existencial: «el amor es el que ama» (79:453).
Es ontológico del hombre existencial (Heidegger):

> Se miraron. Pola.
> —Y bueno —dijo Horacio. ... Sos tan tonta, muchachita, si
> supieras lo tranquila que podés dormir.
> —Dormir sola, vaya la gracia. Ya ves no lloro. Podés seguir
> hablando, no voy a llorar. Soy como ella, mirala bailando,
> mirá, es como la luna, pesa más que una montaña y
> baila, tiene tanta roña y baila. Es un ejemplo. Dame la
> piedrita (108:530).

Entonces Oliveira, con una actitud casi ritual «se apode-
ró de la mano de la Maga y le contó atentamente los
dedos. Después colocó la piedra sobre la palma, fue do-
blando los dedos uno a uno, y encima de todo puso un
beso. La Maga vio que había cerrado los ojos y parecía
como ausente» (108:531).

«A Oliveira le gustaba hacer el amor con la Maga
porque nada podía ser más importante para ella», aunque
«al mismo tiempo, de una manera difícilmente compren-
sible, ella estaba como por debajo de su placer ... y por
eso se adhería desesperadamente y lo prolongaba, era
como un despertarse y conocer su verdadero nombre»
(5:43). Es que la Maga encuentra en el amor lo único que
puede identificarla con Horacio, ya que no existe identificación en otros aspectos, especialmente en el intelectual
que tanta angustia le ocasiona, según vimos al tratar con
el tema de la Angustia. Pero esta única identificación la
espera la Maga por medio de algo así como una muerte
y resurrección del fénix. «Oliveira sintió como si la Maga
esperara de él la muerte, algo en ella que no era su yo
despierto, una oscura forma reclamando una aniquilación» (5:44). Se trata de la destrucción de aquella parte
de ella que no armoniza con Horacio, para dar lugar a la
mujer que puede ingresar en el ambiente de él, «al con-

cilio de los filósofos, es decir a las charlas del Club de la Serpiente: la Maga quería aprender, quería ins-truir-se» (5:45). Ella siente que su relación con Horacio está afectada irremediablemente por esto, y cómo ansía que se realice en ella la fabulosa muerte del ave única de la leyenda que resucita de sus cenizas para aparecer como otra:

> Puesto que casi nunca se alcanzaban porque en pleno diálogo eran tan distintos y andaban por tan opuestas cosas (y eso ella lo sabía, lo comprendía muy bien), entonces la única posibilidad de encuentro estaba en que Horacio la matara en el amor donde ella podía conseguir encontrarse con él ... iguales y desnudos y allí podía consumarse la resurrección del fénix después que él la hubiera estrangulado deliciosamente ... mirándola extático como si empezara a reconocerla, a hacerla de verdad suya, a traerla de su lado (*Ibíd.*).

Era en la ceremonia ontológica del amor donde ella lograría identificarse con él, donde la «otra» quedaría borrada de su memoria, dando lugar así a una resurrección mítica, símbolo de una realización existencial por medio del amor.

En *Rayuela* aparece también el anverso del amor como experiencia existencial de evasión entre dos personas. Gregorovius le está contando a la Maga su iniciación en la vida amorosa, en un prostíbulo a donde lo llevó el amante de su madre la de Odessa (25:156-157). Aterrorizado por el miedo que en esa ocasión le produce la circunstancia que le rodea, Gregorovius fija su atención en un acuario a los pies de la cama. En el acuario hay un pez negro que se pasea entre otros de mucho menor tamaño. El pez grande pasa y pasa, y a Gregorovius le hace la misma impresión que la sensación del pasar de la mano por las piernas de él de la mujer acostada a su lado. Gregorovius piensa: «Entonces hacer el amor, era eso, un pez negro pasando y pasando obstinadamente ... La repetición al infinito de un ansia de fuga, de atravesar el cristal y entrar en otra cosa» (25:157). Sí, ahora se acuerda que Chestov

había hablado de peceras con un tabique móvil que en un momento dado podía sacarse sin que el pez habituado al compartimiento se decidiera jamás a pasar al otro lado. ... El amor también podría ser eso: Llegar hasta un punto del agua, girar, volverse, sin saber que ya no hay obstáculo, que bastaría seguir avanzando ... (Ibíd.).

Esto es, un ansia, no de comunión sino de liberación, de una evasión que se hace imposible por causa de la rutina, del hábito, como ocurría con el pez. A esta inhibición se refiere Octavio Paz:

En nuestro mundo el amor es una experiencia casi inaccesible. Todo se opone a él: moral, clases, leyes, razas y los mismos enamorados. ... El amor no es un acto natural. Es algo humano y, por definición, lo más humano, es decir, una creación, algo que nosotros hemos hecho y que no se da en la naturaleza[5].

Luego, en el transcurso de la conversación, Gregorovius y la Maga se refieren al amor y a la sexualidad. Se entrevé la función restringidora de la sociedad:

M.—París es un gran amor a ciegas, todos estamos perdidamente enamorados pero hay algo verde, una especie de musgo, qué sé yo. En Montevideo era igual, una no podía querer de verdad a nadie, en seguida había cosas raras, ... los abortos, por ejemplo. En fin.
G.—Amor, sexualidad. ¿Hablamos de lo mismo?
M.—Sí, ... Si hablamos de amor hablamos de sexualidad. Al revés ya no tanto (27:163).

---

5 Paz, Soledad, pág. 18.

Es evidente, como dijimos ya, que el amor en *Rayuela*
está referido a un sentimiento natural y ontológico del
hombre existencial y que está orientado en la corriente
moderna de la libre elección.

Comparemos los siguientes comentarios de Octavio
Paz, con los que le siguen de Horacio Oliveira:

> El amor es elección. Libre elección, acaso, de nuestra fa-
> talidad, súbito descubrimiento de la parte más secreta y
> fatal de nuestro ser. Pero la elección amorosa es imposible
> en nuestra sociedad. ... Dos prohibiciones ...: la interdicción
> social y la idea cristiana del pecado. Para realizarse, el
> amor necesita quebrantar la ley del mundo. En nuestro
> tiempo el amor es escándalo y desorden y transgresión.
> Por otra parte, la vida moderna estimula innecesariamente
> nuestra sensualidad, al mismo tiempo que la inhibe con toda
> clase de interdicciones[6].

Dice Oliveira:

> Lo que mucha gente llama amor consiste en elegir a una
> mujer y casarse con ella. La eligen, te lo juro, los he visto.
> Como si se pudiese elegir en el amor, como si no fuera un
> rayo que te parte los huesos y te deja estaqueado en la
> mitad del patio. Vos dirás que la eligen porque-las-aman,
> yo creo que es al vesre. A Beatriz no se la elige, a Julieta
> no se la elige (93:484).

Oliveira duda que la soledad se sobrepase con la unión
de dos cuerpos en el sólo acto sexual. «Sí, quizá el amor,
pero la *otherness* nos dura lo que dura una mujer ...
En el fondo no hay otherness, apenas la agradable
togetherness» (22:120). Porque como dice Sábato:

> Sólo la plena relación con el otro yo permite salir de uno
> mismo, trascender la estrecha cárcel del propio cuerpo y,
> a través de su carne y de la carne del otro (maravillosa

---

6 Paz, *Soledad*, pág. 178.

paradoja) alcanzar su propia alma. Y esta es la razón de la tristeza que deja el puro sexo, ya que no sólo deja en la soledad inicial sino que la agrava con la frustración del intento[7].

Esta había sido sin duda la experiencia de Oliveira con Pola: «Fracasar en Pola era la repetición de innúmeros fracasos, un juego que se pierde al final pero que ha sido bello jugar» (92:479), asistiendo «otra vez, una vez más, una de tantas veces más ... a las sorpresas, los encantos y las decepciones de la ceremonia» que parecía «denunciar oscuramente su soledad enredada de simulacros» (92:480). «Consiguió dejar de pensar, consiguió por apenas un instante besarla sin ser más que su propio beso» (64:422).

En cuanto a la falta de comunión entre Horacio y la Maga, Horacio monologando con ella le dice:

> Amor mío, no te quiero por vos ni por mí ni por los dos juntos, no te quiero porque la sangre me llama a quererte, te quiero porque no sos mía, porque estás del otro lado, ahí donde me invitás a saltar y no puedo dar el salto, porque en lo más profundo de la posesión no estás en mí, no te alcanzo, no paso de tu cuerpo, de tu risa, hay horas en que me atormenta que me ames..., me atormenta tu amor que no me sirve de puente, porque un puente no se sostiene de un solo lado (93:483).

Esta falta del verdadero contacto se debe principalmente al mismo Horacio que malogra la comunión de los dos porque «Quiere un amor pasaporte, un amor pasamontañas, amor llave, amor revólver, amor que le dé los mil ojos de Argos, la ubicuidad, el silencio desde donde la música es posible, la raíz desde donde se podría empezar a tejer una lengua» (Ibíd.). Oliveira, obsesionado por

---

7 Sábato, *Fantasmas*, pág. 174.

una búsqueda metafísica más allá del amor mismo, deja
escapar lo más importante del amor: la comunicación entre dos personas, lo cual responde también a una necesidad metafísica del hombre existencial. El mismo es consciente de ello; se adivina cuando comparando el amor de
la Maga con el de Pola y otros amores, dice: «...mientras
que de la Maga empezaba a salirse arrepentido, con una
conciencia de sarro...» (92:479); esto es, con un sentimiento de culpabilidad. Oliveira se da cuenta de la pér-
dida inmensa de infinito que hay en esa falta de comunión
con la Maga:

> Y es tonto porque todo eso duerme un poco en vos, no ha-
> bría más que sumergirte en un vaso de agua como una flor
> japonesa y poco a poco empezarían a brotar los pétalos co-
> loreados, se hincharían las formas combadas, crecería la her-
> mosura. Dadora de infinito, yo no sé tomar, perdóname (93:
> 483 y 484).

Cuando ya ha perdido a la Maga, después de convencerse que es un imposible encontrarla de nuevo, se dice a
sí mismo:

> Saberse enamorado de la Maga no era un fracaso..., un amor
> que podía prescindir de su objeto, que en la nada encon-
> traba su alimento, se sumaba quizá a otras fuerzas, las ar-
> ticulaba y las fundía en un impulso que destruía alguna vez
> ese contacto visceral del cuerpo ... (48:338).

> Así la Maga dejaría de ser un objeto perdido para volverse
> la imagen de una posible reunión —pero no ya con ella sino
> más acá o más allá de ella; por ella, pero no ella (48:440).

El amor de la Maga sigue siendo para Horacio una
«ceremonia ontologizante», que determina la realización
de su ser existencial. Un amor que es como una fuerza
motriz condicionadora de otras fuerzas que se funden en
un impulso que aniquilaría «ese contacto visceral del

cuerpo», esa conciliación de siempre con el mundo, con la Gran Costumbre, que es lo que le impide entrar en un plano auténtico, «al kibbutz del deseo». Esto puede darse «más acá o más allá de ella; por ella, pero no ella».

Como de costumbre la ausencia de la Maga es una realidad inolvidable: «Oh mi amor, te extraño, me dolés en la piel, en la garganta, cada vez que respiro es como si el vacío me entrara en el pecho donde ya no estás» (21:114). «Con ella», confiesa, «yo sentía crecer un aire nuevo, los signos fabulosos del atardecer» (21:115). Mencionaremos aquí que la referencia más lírica del amor que hace Horacio Oliveira se encuentra en el capítulo siete de la novela. Ejemplo es éste de sus imágenes poéticas:

> Entonces mis manos buscan hundirse en tu pelo, acariciar lentamente la profundidad de tu pelo mientras nos besamos como si tuviéramos la boca llena de flores o de peces, de movimientos vivos, de fragancia oscura. Y si nos mordemos el dolor es dulce, y si nos ahogamos en un breve y terrible absorber simultáneo del aliento, esa instantánea muerte es bella. Y hay una sola saliva y un solo sabor a fruta madura, y yo te siento temblar contra mí como una luna en el agua (7:48).

Cuando se hace muy evidente el amor de la Maga con valor ontologizante es en el trato de Oliveira con Talita. Su extraordinario parecido con la Maga era «como si de su memoria aparentemente tan bien compartimentada se arrancara de golpe un ectoplasma capaz de habitar y completar otro cuerpo y otra cara, de mirarlo desde fuera con una mirada que él había creído reservada para siempre a los recuerdos» (48:337). De aquí que como hemos dicho ya, Oliveira ve a Talita como el doble de la Maga, y esta obsesión es, tal vez, la que en gran parte lo lleva a la locura.

Talita, por su parte, se siente perpleja por la actitud enamorada de Horacio, ignorando la verdadera causa de ello. Traveler le había dicho:

> —A Horacio vos le importás un pito. ... No le importás y por lo tanto no tengo que preocuparme. Es otra cosa ... ¡Es malditamente otra cosa, carajo!
> —Ah —dijo Talita, ... De manera que es otra cosa. No entiendo nada, pero a lo mejor tenés razón (44:318).

De aquí que Talita, en una de sus reflexiones mientras escucha su voz en el magnetófono o grabador, el cual funciona como si fuera su propia conciencia, dice refiriéndose a Horacio:

> Pero si no le importaba, por qué estar siempre ahí en el fondo de la pieza, fumando o leyendo, *estar* (soy yo, soy él) como necesitándola de alguna manera, sí, era exacto necesitándola, colgándose de ella desde lejos como en una sección desesperada para alcanzar algo, ver mejor algo, ser mejor algo. Entonces no era: soy yo, soy él. Entonces era al revés: soy él porque soy yo (47:354).

Así, es claro que Oliveira busca en el amor de la Maga, aunque perdida como la cree para siempre, la imagen «para alcanzar algo, ver mejor algo, ser mejor algo»; es decir, la realización de su ser existencial por medio de la imagen del amor.

En la escena del sótano, donde guardaban los muertos del asilo de alienados, Talita baja con Horacio al sótano para realizar una inspección. De pronto Horacio, en quien empiezan a notarse los síntomas de paranoia, «se había oído hablándole a Talita como si fuera la Maga, sabiendo que no era pero hablándole de la rayuela, del miedo en el pasillo, del agujero tentador» (54:371), reflejo de la monomanía sobre el orden de ideas que le preocupaban de continuo. Hay un momento en que Talita, inconscien-

temente pone por un instante la mano en el pecho de
Oliveira. «Cuando la retiró, él se puso a mirarla como
desde abajo, con ojos que venían de algún otro lado»
(54:373):

> Andá a saber —le dijo Oliveira a alguien que no era Talita.
> Anda a saber si nos sos vos la que esta noche me escupe tan-
> ta lástima. Andá a saber si en el fondo no hay que llorar
> de amor hasta llenar cuatro o cinco palanganas. O que te
> las lloren, como te las están llorando (*Ibíd.*).

Debemos hacer un paréntesis aquí para referirnos a
ese sentimiento de lástima que Oliveira repugna, el cual
nos parece complementario de lo que estamos tratando;
pues una de las razones básicas de Oliveira para abandonar a la Maga es que se sentía menoscabado por esa
lástima que ella sentía por él.

En una escena entre Horacio y la Maga, la cual abarca dos capítulos de la novela y es una de las más expresivas en cuanto a que el diálogo se desenvuelve con minu-
ciosa naturalidad, se producen toda suerte de reacciones
entre los dos amantes. Su modo de ser y de tratarse, su
manera de quererse, lo que los separa y lo que los une,
nos acerca a ellos con plena conciencia de su caso.
Trayendo el punto de lo que nos interesa aquí —esto es,
el sentimiento de lástima que aborrece Oliveira— la Maga,
en un momento de cansancio por el modo de tratarla
Horacio y por la falta de comunicación que existe entre
los dos, le dice:

> M.—No vuelvas.
> O.—En fin, no exageremos. ... ¿Dónde querés que vaya a
> dormir? Una cosa son los nudos gordianos y otra el cé-
> firo que sopla en la calle, debe haber cinco bajo cero.
> M.—Va a ser mejor que no vuelvas, Horacio. ... Ahora me
> resulta fácil decírtelo. Comprendé. ... Te tengo lás-
> tima, Horacio.

O.—Ah, eso no. Despacito ahí.
M.—Vos sabés que yo a veces veo. Veo tan claro. ... Te ten-
go lástima —insistió la Maga. ... Ahora me doy cuenta.
La noche que nos encontramos ... Si te dijera que todo
eso lo hice por lástima.
O.— Mis peligros son sólo metafísicos.
M.—¿Por qué decís: peligros metafísicos? También hay ríos
metafísicos. Vos te vas a tirar a uno de esos ríos. ...
A mí me pareció que yo podía protegerte.

Este sentimiento de lástima le ofende a Oliveira, porque él sabe que es el que le cae mejor para traducir sus
propias reacciones y debilidades: Berthe Trépat, «un ataque de piedad al divino botón» (56:400); Rocamadour,
una caída en el acomodo, y en general «la apelación a la
piedad ajena ... el reingreso en la familia humana» (54:
371). Y ahora en el sótano refrigerado de los cadáveres,
cuando Talita, viendo su condición le dice: «Vení, Horacio
... No quiero que te quedes aquí», Oliveira reacciona
colérico: «Vos ...» (54:372):

> Estaba viendo con tanta claridad un boulevard bajo la llu-
> via, pero en vez de ir llevando a alguien del brazo, hablán-
> dole con lástima, era a él que lo llevaban, compasivamente
> le habían dado el brazo y le hablaban para que estuviera con-
> tento, le tenían tanta lástima que era positivamente una de-
> licia. El pasado se invertía, cambiaba de signo, al final iba
> a resultar que la Piedad no estaba liquidando. Esa mujer
> jugadora de rayuela [Talita] le tenía lástima, era tan claro
> que quemaba (54:372).

Esta lástima hacia él que nota en Talita es otro punto
fuerte de semejanza de ésta con la Maga. Talita se dirige
a la puerta del sótano y se detiene para esperarlo, y
Oliveira se da cuenta que lo hace por lástima, pues «alejarse de él en ese instante era como dejarlo caer en
el pozo» (54:373).

Vió que sonreía y que tampoco la sonrisa era para ella. Nunca lo había visto sonreír así, desventuradamente y a la vez con toda la cara abierta y de frente, sin la ironía habitual, aceptando alguna cosa que debía llegarle desde el centro de la vida, desde ese otro pozo (¿... con una cara flotando en un agua sucia?), acercándose a ella en el acto de aceptar esa cosa inominable que lo hacía sonreír. Y tampoco su beso era para ella. ... Se estaban alcanzando desde otra parte, con otra parte de sí mismos. ... De alguna manera habían ingresado en otra cosa ... (54:373-374).

Cuando Talita le cuenta lo ocurrido a Traveler, le dice:

Horacio vio a la Maga esta noche. ... La Maga era yo. ... Yo creo que ocurrió el mismo día que lo fuimos a buscar al puerto. ... Me confundió con la Maga. ... Bajamos al sótano. Horacio hablaba todo el tiempo del descenso, de esos huecos que lo preocupan. Estaba desesperado, Manú daba miedo ver lo tranquilo que parecía, y entre tanto ... Bajamos con el montecargas. ... No era como bajar. Hablábamos, pero yo sentía como si Horacio estuviera desde otra parte, hablándole a otra, a una mujer ahogada, por ejemplo. ... Cree que está muerta, Manú, y al mismo tiempo la siente cerca y esta noche fui yo. ... No lo dice como si hablara de una alucinación, y tampoco pretende que lo creas. Lo dice, nomás, y es verdad, es algo que está ahí. ... Me empezó a mirar y era a la otra que miraba (55:376-378).

A la escena del sótano sigue el episodio laberíntico de los piolines y palanganas llenas de agua, en el cual Oliveira llega al clímax de su condición mental y también de su decisión entre el territorio mundo y el absoluto que está buscando o esperando como una epifanía. Y así como el primero, del lado interior de la ventana está representado por Traveler, el otro, que da al exterior, del lado de afuera de la ventana, está simbolizado por la Maga. Oliveira miraba desde la ventana casi todo el tiempo como pendiente de esa figura que él imaginaba como incitándole a realizar «la imagen de una posible reunión» (48:440). «Acércate,

Maga —dijo Oliveira—: Desde aquí sois tan parecida que se te puede cambiar el nombre» (56:391). Pero «era Talita, por supuesto, que ahora miraba hacia arriba y se quedaba de nuevo inmóvil cuando él sacó el brazo desnudo por la ventana y lo movió cansadamente de un lado a otro» *(Ibíd.)*. Oliveira le dice a Traveler:

O.—Discúlpame, Manú, yo no quisiera que la Maga y vos ...
Tr.—¿Ahora es a propósito que le llamás la Maga?
O.—Yo sé que es Talita, pero hace un rato era la Maga.
Es las dos, como nosotros.
Tr.—Eso se llama locura.
O.—Todo se llama de alguna manera. (56:401).

Pero «no se podía hacer otra cosa que mirar a la Maga tan hermosa al borde de la rayuela, y desear que impulsara el tejo de una casilla a otra, de la Tierra al Cielo» (56:395).

Es claro que es a través de la Maga que Oliveira desea realizar el traslado de un plano al otro conforme al símbolo lúdicro de la novela. Es la comunión con ella la que lo tiene obsesionado, la «posible reunión» en algún lugar, «más acá o más allá», pero ya no en este mundo, porque ella está del otro lado del territorio y él debe dar el salto para alcanzarla y reunirse con ella en ese «kibbutz del deseo», donde levantarán su tienda final. De aquí que la búsqueda de la Maga en la novela es un símbolo de la búsqueda metafísica de Oliveira para la realización de su ser existencial. Es así como implícitamente la novela termina del mismo modo que comienza: «¿Encontraría a la Maga?» (1:15). Y la expectativa del encuentro de Oliveira está en lo mismo que cuando se abre la novela, en lo fortuito: en ese asomarse sin rumbo «viniendo por la rue de Seine ...» y en ese probable lanzarse al azar por la ventana, convencido «de que un encuentro

casual era lo menos casual» en sus vidas (*Ibíd.*); «diciéndose que al fin y al cabo algún encuentro había, aunque
no pudiera durar más que ese instante terriblemente dulce
en el que lo mejor sin lugar a dudas hubiera sido incli-
narse apenas hacia afuera y dejarse ir ...» (56:404).

Horacio había dicho con tono cínico a la Maga lo
que haría cuando estuviera ahogándose en su «río metafísico»: «Te prometo una cosa: acordarme de vos a último momento para que sea todavía más amargo. Un verdadero folletín, con tapa en tres colores» (20:110). Ella
se suicidó ahogándose en un río físico, él en un río metafísico (tal como la Maga se lo había pronosticado), obsesionado por las dos grandes preocupaciones del hombre
existencial: su destino y el amor.

V. MUERTE

Para entender bien el tema existencialista de la Muerte en la novela *Rayuela*, deberíamos primero referirnos a las corrientes del pensamiento filosófico que han orientado el concepto metafísico de la existencialidad del hombre. Sabemos que en la literatura del pasado la proyección de la existencia de la criatura humana se realizaba trascendentemente hacia el exterior, en un plano vertical dirigido en direcciones opuestas según fuera el fallo de la lógica dualista del bien y del mal. El hombre estaba poseído de un ansia de eternidad (el ansia eterna del hombre), la cual se proyectaba más allá de la muerte, culminando en el encuentro o reunión de la criatura con su Creador o Dios. Es obvio que nos estamos refiriendo al pensamiento del mundo Occidental: *Rayuela* está escrita especialmente para el hombre de Occidente, a pesar de todos los aprovechamientos que contiene de la cultura del Oriente.

En aquella literatura, pues, el hombre alcanzaba la meta de todas sus aspiraciones, la purificación de su alma, por medio de una metafísica del espíritu. Esta metafísica estaba orientada casi siempre por un cuerpo de conceptos doctrinaria y consuetudinariamente religiosos y morales, los cuales negaban o anulaban los sentidos; esto es, las tendencias naturales del modo ontológico de ser del hombre existencial. Dentro de esta metafísica la muerte era casi siempre le enemiga del hombre y se la miraba con horror, pues significaba generalmente el fin de las oportunidades del hombre para cumplir los requerimientos impuestos. La angustia de la muerte era no sólo por su naturaleza contingente sino por la retribución dudosa de una felicidad o una desgracia eterna. Esta literatura, en general, nos alcanzó hasta el siglo XIX, cuando la influencia de una metafísica de otro orden, la del Yo personal, comenzó a dar señales que la proyección trascendente del hombre no se dirigía únicamente hacia afuera del hombre sino también hacia el interior del hombre mismo. Desde ese Yo interior se intentó dar alguna interpretación de la vida y del mundo, si bien según el criterio de un subjetivismo insubstancial y abstracto, «una especie de misticismo profano que defiende los derechos de la emoción, la fe, la fantasía»[1]. Por ese camino, el del subjetivismo se llega a la literatura existencialista contemporánea, que sustituye la tristeza superficial del romanticismo por la angustia existencial, necesitada de testimoniar el drama del hombre, su infortunio y su soledad, y que substituye también la metafísica exclusiva del espíritu, basada en un más allá trascendente, por una metafísica de los sentidos, que trasciende también del hombre mismo, pero no más allá de la muerte sino

---

[1] Sábato, *Fantasmas*, pág. 52.

hacia la muerte, mostrándole al hombre posibilidades
infinitas para su realización integral existencial.

En este trascender hacia la muerte, el cuerpo, orientado por un cartesianismo de los sentidos: siento, luego
existo, adquiere valores metafísicos. El espíritu puro no
cuenta, «ha sido reemplazado en lo que a la problemática
del hombre se refiere, por el espíritu encarnado»[2]. De
aquí el carácter sensual de la literatura contemporánea,
especialmente la actual a partir de la segunda mitad de
siglo. En esta literatura, y a ella pertenece *Rayuela*, las
sensaciones no son anuladas ni mucho menos tienen que
ver con la purificación de la persona; pues no se trata
de una catarsis para enfrentarse con la muerte sino de
un conocerse a sí mismo y realizar las posibilidades existenciales trascendiendo extáticamente hacia la muerte.
«No se trata de subir, viejo ídolo mental desmentido por
la historia», monologa Oliveira, «vieja zanahoria que ya
no engaña al burro. No se trata de perfeccionar, de decantar, de rescatar, de escoger, de librealbedrizar, de ir
del alfa al omega. Ya se está. Cualquiera ya está» (125:
562). Se trata de «una reconciliación total consigo mismo
y con la realidad» (19:99), «sin interposición de mitos,
religiosos, sistemas y reticulados» (124:558); «sin necesidad de Vedanta o de Zen o de escatologías surtidas»
(36:252), «sin ser un héroe, sin ser un santo, sin ser un
animal, sin ser un campeón de box, sin ser un prohombre, sin ser un pastor» (19:98). «Tiene que ser algo inmanente, sin sacrificio del plomo por el oro» (125:562).

Por otra parte, generalmente el hombre occidental al
«proyectarse hacia la muerte, hacia el escándalo de los
escándalos» (28:197), asume una postura distinta que la
del hombre oriental, quien ve la muerte como una muta-

---

[2] Sábato, *Fantasmas*, pág. 88.

ción no como un desenlace.[3] Piensa Horacio Oliveira,
refiriéndose a la muerte: «Gentes nunca lo bastante pri-
mitivas para superar ese escándalo por aceptación o
identificación, ni bastante realizadas como para negar
todo escándalo» (28:183). También Oliveira reflexiona:
«Por más que me pese nunca seré indiferente como
Etienne ... Lo que me pasa es que me obstino en la inaudita idea de que el hombre ha sido creado para otra cosa»
(15:73). Esta preocupación por ese misterio primordial
de la condición humana es el tema de esta literatura actual[4]. Octavio Paz plantea el gran interrogante de esta
literatura, que como veremos más adelante es también el
de *Rayuela*, como sigue:

> ¿Morir será volver allá, a la vida de antes de la vida?
> ¿Será vivir de nuevo esa vida prenatal en que reposo y
> movimiento, día y noche, tiempo y eternidad, dejan de opo-
> nerse? ¿Morir será dejar de ser y, definitivamente, estar?
> ¿Quizá la muerte sea la vida verdadera? ¿Quizá nacer sea
> morir y morir, nacer? Nada sabemos. Más aunque nada sa-
> bemos, todo nuestro ser aspira a escapar de estos contrarios
> que nos desgarran. Pues si todo (conciencia de sí, tiempo,
> razón, costumbres, hábitos) tiende a hacer de nosotros los
> expulsados de la vida, todo también nos empuja a volver,
> a descender al seno creador de donde fuimos arrancados[5].

---

[3] Dice Cortázar: «Pienso en el fenómeno de la muerte que
para el pensamiento occidental es el gran escándalo como también lo vieron Kierkegaard y Unamuno; ese fenómeno no tiene
nada de escandaloso en el Oriente, es una metamorfosis y no un
fin» (Luis Harss, «Julio Cortázar o la cachetada metafísica»,
Mundo Nuevo, núm. 7 (enero, 1967), pág. 63.

[4] Ernesto Sábato declara, refiriéndose a los personajes de la
novelística contemporánea, que «en el fondo de su conciencia ...
se plantean inevitablemente los grandes dilemas: ¿por qué estamos hoy aquí? ¿Qué hacemos, qué sentido tiene nuestro existir
limitado y absurdo, en un insignificante rincón del espacio y del
tiempo, rodeados por el infinito y la muerte?» (Sábato, *Fantasmas*,
página 15).

[5] Paz, *Soledad*, pág. 176.

Por lo tanto, la vida no pasa de ser algo eventual, conjetural. ¿Qué es la vida en función de la muerte?, parece preguntarse en *Rayuela*. ¿Por qué tenemos que morir? En una serie de metáforas apositivas (en uno de esos capítulos en *Rayuela* en que no aparece el personaje que habla) se nos da en la novela una descripción de lo que es la vida:

> La vida, como un *comentario* de otra cosa que no alcanzamos, y que está ahí al alcance del salto que nos damos. La vida, un ballet sobre un tema histórico, una historia sobre un hecho vivido, un hecho vivido sobre un hecho real. La vida, fotografía del número, posesión en las tinieblas (¿mujer, monstruo?), la vida, proxeneta de la muerte, espléndida baraja, tarot de claves olvidadas que unas manos gotosas rebajan a un triste solitario (104:522).

La muerte en *Rayuela* no es un motivo ni de terror ni de angustia, pero sí es un gran interrogante; como que la muerte es el tema por excelencia de la literatura existencialista. Una actitud de naturalidad frente a la muerte se observa en los personajes de *Rayuela*: «Porque morir», dice la Maga, «era la peor ofensa, la estupidez más completa» (15:78). «Yo estoy vivo —dijo Traveler ... Estar vivo parece siempre el precio del algo» (56:394). Para Horacio Oliveira la muerte forma una unidad con la vida: «Horacio ... siempre se refería a la muerte cuando hablaba de la vida», confiesa la Maga (27:166). Y Gregorovius se refiere a la muerte en el tiempo: «Y por eso Gregorovius insistía en conocer el pasado de la Maga, para que se muriera un poco menos de esa muerte hacia atrás que es toda ignorancia de las cosas arrastradas por el tiempo, para fijarla en su propio tiempo ... para no amar un fantasma que se deja acariciar el pelo bajo la luz verde (16:80).

En *Rayuela*, la muerte no tiene que ser lo último y definitivo; puede que hayan recursos inesperados para sobrepasarla; pero cuando a alguno de ellos se le ocurre esta posibilidad, no se inquieta, porque no es por sentirse angustiado por la muerte que lo piensa. Sólo Oliveira se angustia por sobrepasar la muerte, pero no por la muerte misma sino por su ansia de eternidad, esa «infelicidad metafísica» a que se refiere Ernesto Sábato, «que resulta de la dualidad del hombre: descabellada hambre de eternidad en un cuerpo miserable y mortal. ... ¿Existe algo eterno más allá de este mundo transitorio y en perpetuo cambio»?[6]. Por ejemplo, «Horacio hablaba de un nuevo orden, de la posibilidad de encontrar otra vida» (27:165 y 166). Pero Ronald, en cambio, desde su reposada posición, aunque se siente muy interesado leyendo en el *Bardo* las ideas religiosas del lamaísmo (una rama del budismo en el Tibet) acerca de un más allá de la muerte, sus comentarios al respecto no pasan de la curiosidad, no reflejan preocupación. Lo que más ha llamado su atención es el proceso subjetivo del yo pensante para juzgarse a sí mismo cuando comparece ante su conciencia después de la muerte. Ronald explica:

> Mirá a la hora del juicio del muerto, el Rey lo enfrenta con un espejo, pero ese espejo es el Karma. La suma de los actos del muerto, te das cuenta. Y el muerto ve reflejarse todas sus acciones, lo bueno y lo malo, pero el reflejo no corresponde a ninguna realidad sino que es la proyección de imágenes mentales ... Como para que el viejo Jung no se haya quedado estupefacto, decirme un poco. El rey de los muertos mira el espejo, pero lo que está haciendo en realidad es mirar en tu memoria. ¿Se puede imaginar una mejor descripción del psicoanálisis? Y algo todavía más extraordinario, querida, es que el juicio que pronuncia el Rey no es su juicio sino el tuyo. Vos mismo te juzgás sin saberlo.

---

6 Sábato, *Fantasmas*, pág. 156.

¿No te parece que en realidad Sartre tendría que irse a vivir a Lhasa?
—Es increíble —dijo la Maga—. Pero ese libro, ¿es de filosofía?
—Es un libro para muertos —dijo Oliveira.
—Los lamas hacen ciertas revelaciones a los moribundos [explicó Gregorovius a la Maga]. Para guiarlos en el más allá, para ayudarlos a salvarse. Por ejemplo ... (28:188).
Y así es —terminaba Gregorovius, sentencioso— que el *Bardo* nos devuelve a la vida, a la necesidad de una vida pura, precisamente cuando ya no hay escapatoria y estamos clavados en una cama, con un cáncer por almohada (28:189).

Pues lo importante y extraordinario sería que nos devolvieran a una vida pura sin tener que morir; de no ser así ¿quién puede asegurar que todo eso es verdad? Eso es lo que está detrás de la ironía de Gregorovius. «¡Vamos! Todo es falso aquí. Cuando me hayan devuelto mi casa y mi vida, entonces encontraré mi verdadero rostro» (Tardieu, 152:621). «Dicotomías occidentales —dijo Oliveira—. Vida y muerte, más acá y más allá. No es eso lo que enseña tu *Bardo*, Ossip. ... De todos modos será algo más plástico, menos categorizado» (28:189): Entonces Etienne, la voz escéptica de la novela, contesta dirigiéndose en particular a Oliveira, como ampliando sus implicaciones en cuanto que ni los occidentales ni los orientales han podido alcanzar a comprender la condición del hombre, y se han quedado en puras dicotomías de vida y muerte:

Mirá ... el Oriente no es tan otra cosa como pretenden los orientalistas. Apenas te metés un poco en serio en sus textos empezás a sentir lo de siempre, la inexplicable tentación de suicidio de la inteligencia por vía de la inteligencia misma. En Madrás [India: representación del pensamiento filosófico Oriental] o en Heidelberg [Alemania: representación del pensamiento filosófico Occidental], el fondo de la cuestión es el mismo: hay una especie de equivocación inefable al principio de los principios. ... Toda tentativa de explicarlo fracasa por una razón que cualquiera comprende, y es que para definir y entender habría que estar fuera de lo definido y lo entendible. Ergo, Madrás y Heidelberg se consuelan fabricando posiciones, algunas con base discursiva [Occidente], otras con base intuitiva [Oriente], aunque entre discurso e intuición las diferencias estén lejos de ser claras. Madrás y Heidelberg son diferentes dosajes de la misma receta, a veces prima el Yin y a veces el Yang, pero en las dos puntas del sube y baja hay dos homo sapiens igualmente inexplicados, dando grandes patadas en el suelo para remontarse el uno a expensas del otro (28:189 y 190).

Hay algunas escenas en la novela, reveladoras de la nueva actitud del hombre actual frente a la muerte. Por ejemplo, se nota en el comentario cínicamente jocoso de Oliveira del suicidio de Guy, uno de los miembros del Club, a quien no le tenía mucha simpatía:

—Nos vamos en seguida [dijo Ronald], era solamente para decirles que Guy se tomó un tubo de gardenal.
—Pobre ángel —dijo Oliveira.
—Etienne lo encontró medio muerto ... Guy subió a casa y se envenenó en la cama, date un poco cuenta.
—He has no manners at all —dijo Oliveira. C'est regrettable (28:179 y 180).

Se nota también en la impasibilidad con que los miembros del Club contemplan el cadáver de Rocamadour. Sarcásticamente Oliveira, en frente del muerto dice a Gregorovius, con quien siente celos de la Maga: «Madre deja morir infante mientras atiende amante sobre la alfombra» (28:178), como transcribiendo el rótulo del suceso en un periódico. También en la tranquilidad de Morelli, cuando ya viejo, en el hospital, de resultas de un accidente, espera morir pronto.

—¿Cuándo podrá volver a su casa?

—Nunca —dijo Morelli—. Los huesos se quedan aquí, muchachos.

—Tonterías —dijo respetuosamente Etienne.

—Será cuestión de tiempo. Pero me siento bien, se acabaron los problemas con la portera ... (154:624).

En una de las notas de Morelli escritas en el hospital, dice irónicamente: «La mejor cualidad de mis antepasados es la de estar muertos; espero modesta, pero orgullosamente, el momento de heredarla» (107:525).

Aun la finitud de la muerte está comentada con cierto humor. Refiriéndose a Rocamadour, Oliveira dice: «Dentro de los ojos de eso que estaba ahí a tres metros no había nada, no podía haber nada, vuf, vuf, toda la teoría de la comunicación aniquilada, ni mamá, ni papá, ni papa rica, ni pipí, ni vuf, vuf, vuf, ni nada, solamente rigor mortis» (28:183). Pero se percibe una ironía triste en sus palabras. Oliveira compara la muerte con un «fósforo que se apaga» (28:189).

Lo demás del tema de la Muerte en *Rayuela* lo trataremos en el capítulo siguiente, Búsqueda y Trascendencia, por considerarlo incluido en estos temas.

VI. BUSQUEDA Y TRASCENDENCIA

En el capítulo anterior, al tratar con el tema de la Muerte nos referimos a ese vivir del hombre en-este-mundo trascendiendo hacia la muerte, según van desarrollándose las posibilidades de su realización existencial. En el símbolo lúdicro de la rayuela ello apuntaría al esfuerzo realizado en los compartimentos del espacio Tierra por alcanzar la casilla final. Pero hay otra etapa en el juego, aquélla que está encuadrada en la casilla Cielo, en el último compartimento del dibujo: a ésta queremos referirnos en este capítulo; pues creemos que para tener algún entendimiento de la *Rayuela* novela debemos ceñirnos a los símbolos que sugiere la rayuela juego, cuyo origen dijimos que se encuentra en una ceremonia espiritual muy antigua del Oriente.

Es indudable que Cortázar comparte la idea de que los objetos del mundo exterior y los actos del hombre adquieren valor y se hacen reales, porque participan de una realidad que los trasciende, la cual forma parte de una ontología arcaica que funciona como arquetipo. Por esto la realidad tipo dentro y fuera del hombre no posee un valor autónomo; su significado ha de buscarse en su arquetipo o modelo original y primario, soberano y eterno del cosmos[1]. Sin duda que es por esto que casi todas las grandes literaturas se refieren a los símbolos que las han precedido. «Se tiene la impresión —dijo Oliveira— de estar caminando sobre viejas huellas. Escolares nimios, rehacemos argumentos polvorientos» (28:193).

Existe el hecho en la estructura interna o contenido de la novela, que a pesar de que, de una manera u otra, simbólicamente, todos los personajes saltan a la rayuela, realizando a su modo su existencia en la rayuela de su vida, ninguno está preocupado por dar simbólicamente el salto final a la casilla Cielo, más que el protagonista Horacio Oliveira. Es él único que aspira a dar ese salto totalizador a través de él mismo, obstinado en la búsqueda de un Centro: Kibbutz del deseo, Reino milenario, Arcadia, Absoluto, Igdrassil, Unidad, Paraíso Perdido. «Me había dado cuenta de que buscar era mi signo» (1:20). Es esta búsqueda de Oliveira la que le da un carácter trascendente y metafísico a todo el libro.

De hecho, Cortázar es «el primer escritor latinoamericano que ha creado una completa metafísica novelesca»[2]. Es natural. Estaba en el aire, como dice él mismo[3]. Porque tras la reacción pesimista y desesperanzada del hombre de posguerra de mitad de siglo, aparece un ansia de absoluto y eternidad, el viejo anhelo del hombre, «con-

---

[1] Mircea Eliade, *Cosmos and History* (New York: Harper and Row, Publishers, Inc., 1959), págs. 3-48. Citado en lo sucesivo como Eliade, *Cosmos*. Cf. *Cosmologie* e *Images et symboles* (París, 1952) del mismo autor.
[2] Harss, «Metafísica», pág. 69.
[3] Harss, «Metafísica», pág. 74.

denado como está a la frustación y a la muerte. Y a pesar de esa frustación y esa condena, algo así como una metafísica de la esperanza»[4]. «¿Cómo en tales circunstancias de catástrofe universal, la literatura puede no estar impregnada de preocupación metafísica»¿[5] La intemperie y el desbarajuste en que entonces queda el hombre asume caracteres cósmicos al proyectarse hacia el antiguo hogar destruido. De aquí que la literautra de este momento refleje una nostalgia por el reino perdido: «¿Qué es en el fondo esa historia de encontrar un reino milenario, un edén, otro mundo»?, se dice Oliveira reflexionando sobre una nota morelliana. «Todo lo que se escribe en estos tiempos y que vale la pena leer está orientando hacia la nostalgia. Complejo de la Arcadia, retorno al gran útero, back to Adam, le bon sauvage ... *Paraíso perdido, perdido por buscarte, yo, sin luz para siempre...*» (71:432). El hombre, cansado de este mundo, desilusionado por un «progreso» que le prometía llevarlo adelante hacia una edad de oro, se da vuelta para mirar hacia atrás y buscar:

> detrás de todo eso ... el Paraíso, el otro mundo, la inocencia hollada que oscuramente se busca llorando. ... De una manera u otra todos la buscan, todos quieren abrir la puerta para ir a jugar. Y no por el Edén, no tanto por el Edén en sí, sino solamente por dejar a la espalda los aviones a chorro, la cara de Nikita o de Dwight o de Charles o de Francisco, el despertar a campanilla ... la jubilación ..., el homo sapiens no busca la puerta para entrar en el reino milenario ... sino solamente para poder cerrarla a su espalda y menear el culo como un perro contento sabiendo que el zapato de la puta vida se quedó atrás, reventándose contra la puerta cerrada (71:432 y 433).

---

4 Sábato, *Fantasmas*, pág. 17.
5 Sábato, *Fantasmas*, pág. 40 .

Este pasaje refleja el cansancio, el vacío, la náusea que experimenta el hombre del momento. Cuando el americano Ronald, que creemos que representa en la novela el conformismo del Occidente, le dice a Oliveira: «No nos ha ido tan mal», Oliveira le responde: «¿Qué punto de comparación tenés para creer que nos ha ido bien? ¿Por qué hemos tenido que inventar el Edén, vivir sumidos en la nostalgia del paraíso perdido, fabricar utopías, proponernos un futuro»? (28:194). No es, pues, de extrañar que Oliveira, como el representante del hombre actual llegue a un completo despojamiento, obsesionado por una búsqueda metafísica, «la de la esperanza», como lo único que todavía parece quedar en el horizonte de las posibilidades humanas. Esta es, por cierto, la actitud real del hombre en este momento de la novela: «como una desesperación esperanzada», dicho en palabras de Octavio Paz[6]. *Rayuela* está orientada hacia una metafísica de la esperanza:

> ... como un camino que se abriera de golpe en mitad de la pared: bastaba adelantar un poco un hombro y entrar, abrirse paso por la piedra, atravesar la espesura, salir a otra cosa (23:143).

> ... una sensación como de poder dar un paso adelante, un paso de verdad, algo sin pies y sin piernas, un paso en mitad de una pared de piedra, y poder meterse ahí y avanzar y salvarse de lo otro (23:144).

La búsqueda en *Rayuela* tiene por blanco romper la incomunicación y la soledad del hombre. De aquí que en *Rayuela* «el puente y el centro sean dos símbolos fundamentales. El puente alude a esa conexión entre lo uno y lo otro; el centro, a la unidad tan ansiada»[7]. Se trata, pues, de una búsqueda especial metafísica. Por esto es

---

6 Paz, *Soledad*, pág. 25.
7 Barrenechea, «Estructura» pág. 74.

que la carga emocional en la novela está puesta en el espacio, el cual se da en un constante movimiento horizontal, así como se mueve el hombre. En cuanto al tiempo, diremos de paso, que *Rayuela* no hace novela del tiempo, pero el tiempo tiene su importancia como una extensión del movimiento espacial.

Por lo tanto, si nos concretamos al motivo lúdicro de la obra y al significado simbólico a que nos referimos antes, que todo en este mundo, tanto lo abstracto como lo concreto, directa o indirectamente funciona como un tipo de un símbolo arquetípico, observaremos que la búsqueda en *Rayuela* de un centro, del Absoluto, es simbólica de la búsqueda ancestral arquetípica, mítica y ritual del Centro Sagrado o Edén perdido y de la inmortalidad. Esta búsqueda es reveladora del eterno desasosiego del hombre por conocer su origen y su destino; es decir, su posición en el universo. La metafísica de la novela no se ciñe, pues, ni al concepto generalizado del misticismo pragmático del Occidente ni a la filosofía subjetivista de la anulación del yo del Oriente. El primero, porque está basado en un sistema de recompensas anticipadas de eternidad más allá de la muerte, en un espacio que no es ni este mundo ni este cuerpo, todo lo cual no entra en el marco del pensamiento del hombre actual, cuya realización del ser, de ser posible, la concibe, según vimos, a través de los sentidos: el cuerpo es sagrado. Además la trascendencia debe manifestarse hacia una consecución de un estado inminente y en este mundo (125:562). Este es el criterio que sugiere el protagonista de *Rayuela;* «Incrustados en la especie, serán lo que deben ser y si no no serán nada» (125:560); tiene que ser algo inmanente, sin exclusión de nadie (125:562); contrario el criterio trascendente establecido tradicionalmente; «pero en el mismo plano, como el Cielo estaba en el mismo plano que la Tierra en la acera roñosa de los juegos» (36:253).

La segunda, la filosofía subjetivista del Oriente, porque está basada en una experiencia de orden metafísico, cuando la experiencia de Oliveira es de orden físico; siendo sólo metafísico su trascendencia más allá de sí mismo y de la realidad ilusoria que le rodea. Pues no se trata de la anulación del yo y de la realidad circundante sino de una búsqueda de la verdadera realidad, del Centro, donde se realice el encuentro con la auténtica naturaleza del hombre en su estado original perfecto. Como le dice Oliveira a Gregorovius: «Nada te prueba que el hombre no hubiera podido ser diferente» (28:194). «Ahí está el gran problema, saber si lo que llamás la especie ha caminado hacia adelante o si, ... en un momento dado agarró por una vía falsa (28:193). Sin embargo, el aprovechamiento que hace Oliveira de los símbolos del Oriente son dignos de tenerse en cuenta para el entendimiento del significado de la novela. La influencia especialmente de Zen y del Vedanta son muy fuertes en el libro. Ese aprovechamiento ofrece «posiciones metafísicas» muy fértiles, las cuales funcionan, «en medio de la crisis y la quiebra total de la idea clásica del homo sapiens» (99:511), como

un recurso final y desesperado para arrancarse de las huellas de la ética inmanente y trascendente, en busca de una desnudez que él [Morelli] llamaba axial y a veces el umbral. ¿Umbral de qué, a qué? Se deducía una incitación a algo como darse vuelta al modo de un guante, de manera de recibir desolladamente un contacto con una realidad sin interposición de mitos, religiones, sistemas y reticulados (124:561).

... para llegar a eso que no tiene nombre, digamos a esa conciliación, a esa reconciliación (125:561).

... como punto inicial de la marcha hacia sí mismo (125:560).

Una búsqueda superior a nosotros mismos como individuos

y que nos usa para sus fines, una oscura necesidad de
evadir el estado de homo sapiens hacia... ¿qué homo?
(62:417).

Oliveira busca una realidad trascendente e infinita,
que sea la afirmación de la vida en la tierra, sin muerte
y sin cielo; una verdadera reconciliación consigo mismo
y con el cosmo, una armonía con el Orden del Principio,
con el Edén adámico, en contraposición con la desarmonía que el hombre sufre; es decir, cosmológicamente,
una vuelta del caos al cosmos:

> Como una puerta de ópalo y diamante desde la cual se
> empieza a ser eso que verdaderamente se es y que no se
> quiere y no se sabe y no se puede ser (61:413).

> Un estado fuera del cuerpo y fuera del mundo que sería
> el verdadero acceso al ser. ... El ser será otra cosa que
> cuerpos y, que cuerpos y almas y, que yo y lo otro, que
> ayer y mañana. ... Pero para llegar a él habría que des-
> andar la historia de fuera y la de dentro (61:413 y 414).

De aquí que Oliveira declara que esa transformación tiene
que venir para todos, no como el resultado del esfuerzo
de algunos, lo cual no pone fin a la tragedia humana, siempre con sus dos grupos: uno del lado de allá y otro del
lado de acá, categorizados dualísticamente dentro del
concepto del bien y del mal. «Es decir que si hay conciliación tiene que ser otra cosa que un estado de santidad,
estado excluyente ... Tiene que ser algo inmanente» (125:
561 y 562):

> El problema de la realidad tiene que plantearse en términos
> colectivos, no en la mera salvación de algunos elegidos.
> Hombres realizados, hombres que han dado el salto fuera
> del tiempo y se han integrado en una suma, por decirlo
> así ... (99:507).

Pero lo que le molesta a Oliveira es ese buscarse el hombre, no hacia atrás a fin de desandar los pasos perdidos, de regreso por el camino de entrada al Centro; pues «hay quizá una salida, pero esa salida debería ser una entrada» (71:434), sino que intenta encontrarse buscándose «detrás» de algo: «siempre es detrás, hay que convencerse de que es la idea clave del pensamiento moderno» (71:432). A la observación conformista de Ronald, Oliveira le contesta: «Vos te deberías llamar Behind o Beyond, americano mío. O Yonder, que es tan bonita palabra» (99:505 y 506). «Sigamos en busca del Yonder, hay montones de Yonders que ir abriendo uno detrás del otro» (99:507). Y Etienne dice aconsejativamente:

> Se me ocurre que ese famoso Yonder no puede ser imaginado como futuro en el tiempo o en el espacio. Si seguimos ateniéndonos a categorías kantianas ... no saldremos nunca del atolladero. Lo que llamamos realidad, la verdadera realidad que también llamamos Yonder ..., esa verdadera realidad, repito, no es algo por venir, una meta, el último peldaño, el final de una evolución. No, es algo que ya está aquí, en nosotros. Se la siente, ... Yo la siento mientras estoy pintando (99:507 y 508).

Ese más allá o Yonder, que Etienne llama «la verdadera realidad», no está referida a «algo por venir» mesiánicamente, o a «una meta» o a un «último peldaño» de un ascenso místico o a «el final de una evolución» metempsicosista, sino que tiene que ser, según él lo deja implicado, la zona inmanente en donde se halla la esencia, el conocimiento puro (algo hacia atrás, como lo imagina Oliveira). Una zona preeminentemente sagrada, llamada por la ontología arcaica el «Centro» o el «Centro del Mundo»[8]. Por consiguiente, el Centro es, sin duda

---

[8] Eliade, *Cosmos*, pág. 17.

alguna un estado fuera del tiempo y del espacio, donde
se encuentra la unidad y la armonía del cosmos; en definitiva el Absoluto. Por eso Etienne dice que «es algo que
ya está aquí en nosotros. Se la siente». La siente, en su
caso, cuando está bajo la inspiración de lo bello y de lo
exacto: «Yo lo siento cuando estoy pintando»; pues como
absoluto puede estar en todas partes. Oliveira cree que
puede estar en las cosas pequeñas: «También este ma-
tecito podría indicarme un centro» (19:98). Y el circo
también podría ofrecerle la misma perspectiva: «La primera noche se asomó a la pista aún vacía y miró hacia
arriba, al orificio en lo más alto de la carpa roja, ese
escape hacia un quizá contacto, ese centro, ese ojo como
un puente del suelo al espacio liberado» (43:310), «la
apertura comunicando con el espacio abierto, figura de
consumación» (54:367). Y Oliveira, entonces, «dejó de
reírse y pensó que a lo mejor otro hubiera ascendido
con toda naturalidad por el mástil más próximo al ojo
de arriba, y que ese otro no era él, ... ese otro no era
él que se quedaba abajo fumando en plena gritería del circo» (*Ibíd.*). Es de notar aquí, de paso, la dualidad que siente Oliveira dentro de su yo: el hombre arraigado al territorio mundo y el hombre que busca el trascender más
allá de sí mismo. Lo experimenta también cuando se siente asqueado de su lástima por la Berthe Trépat:

> Le quedaba la noción de que él no era eso, de que en alguna
> parte estaba como esperándose, de que ese que andaba por
> el barrio latino arrastrando a una vieja histérica y quizá
> ninfomaníaca era apenas un *doppelgänger* mientras el otro,
> el otro... (23:140).

En cierta ocasión, cuando Oliveira está aparentemente escribiendo sus memorias, se refiere al centro: «Necesitaría tanto acercarme mejor a mí mismo, dejar caer

todo eso que me separa del centro» (2:28). También Morelli: «Así por la escritura bajo el volcán, me acerco a las
Madres, me conecto con el Centro —sea lo que sea. Escribir es dibujar mi mandala y a la vez recorrerlo, inventar la purificación purificándose» (82:458). El mandala es un espacio metafísico representado por un laberinto místico a la manera de compartimientos como en
la reyuela, símbolo de una senda que conduce al individuo
desde el presente momento a la iluminación. Oliveira
buscaba esa iluminación, su mandala. Morelli da a entender que la iluminación viene del Centro: «Gana el que
conquista el centro. Desde ahí se dominan todas las
posibilidades, y no tiene sentido que el adversario se
empeñe en seguir jugando» (154:625). Dice Oliveira:
«Acabo siempre aludiendo al centro sin la menor garantía
de saber lo que digo» (2:28). Y se pregunta: «Ese centro
que no sé lo que es, ¿no vale como expresión topográfica
de una unidad»? (19:98). Pero esta posibilidad no le con-
forma: «Pero esa unidad, la suma de los actos que define
una vida, parecía negarse a toda manifestación antes de
que la vida misma se acabara como un mate lavado, es
decir que sólo los demás, los biógrafos, verían la unidad,
y eso realmente no tenía la menor importancia para Oliveira» (*Ibíd*.), quien ansía llegar a la unidad y a la esencialidad que imagina en un Centro, y comprender su
relación arquetípica con esta realidad que no es la verdadera y que nos engaña: «Aprehender una unidad profunda, algo que fuera por fin como un sentido de eso que
ahora era nada más que estar ahí tomando mate...»
(19:99). «Quizá haya un lugar en el hombre donde pueda
percibirse la realidad entera» (86:466).

No obstante, Oliveira tiene «la sospecha de que más
allá, donde ahora veo el aire limpio ... yo mismo, en el
resto de la realidad que ignoro me estoy esperando inú-

tilmente» (84:463). Por eso tiene sus dudas en cuanto
al centro, aunque finalmente prefiere tener basadas sus
esperanzas en él. Le dice a Ronald:

> —¿Cómo actuar sin una actitud central previa, una espe-
> cie de aquiescencia a lo que creemos bueno y verdadero?
> —Alguna vez —dijo Etienne ... me gustaría oírte discurrir
> con más detalle sobre eso que llamás la actitud central.
> A lo mejor en el mismísimo centro hay un perfecto
> hueco.
> —No te creas que no lo he pensado —dijo Oliveira. Pero
> ... admitirás que entre situarse en un centro y andar
> revoloteando por la periferia hay una diferencia cualita-
> tiva que da que pensar (28:198 y 199).

No podemos seguir refiriéndonos al centro sin mencionar algunos conceptos básicos de su simbolismo, los
cuales nos pueden ayudar a entender su aplicación en
Rayuela. Comenzaremos por decir que el simbolismo del
Centro es muy complejo. Generalizando mucho y redu-
ciendo al mínimo el estudio detalladísimo de Mircea Eliade, llegamos a lo siguiente: Todo lo que existe tiene su origen en el Centro. Tay una gran diversidad de creencias relacionadas con el prestigio del Centro. Una de ellas, sin
duda la fundamental, es que en el Centro está situado
el Monte Sagrado, donde se encuentra el cielo y la tierra,
el Paraíso o Edén perdido, de donde el hombre fue ex-
pulsado. De allí que haya muchísimos pueblos que se
han arrogado la hegemonía del Monte Sagrado, atribu-
yéndole a algún monte de su preferencia el significado
trascendental del Centro. Por ejemplo: según la creencia
de los indúes el Monte Meru ocupa el centro del mundo, y
lo mismo sucede con el Monte Zinnalo para los budistas
del norte de Siam, y con la roca gigantesca Batu-Ribn de
la Península Malaya, y también podríamos mencionar,
etimológicamente, el Monte Tabor (tabbür, omphalos)

en Palestina o el Monte Gerizin, investido del prestigio del centro en la tradición judaica, y el Gólgota, que los cristianos pensaron que estaba situado en el centro del mundo, y muchos más, pues la lista es larga. También se consideran por extensión como montes sagrados las ciudades, los templos y las residencias reales o palacios. Estrechando más aún los límites, el Monte Sagrado puede estar en el interior del hombre mismo, como el centro de la esencialidad de su ser. Además todo camino que va al Centro es difícil y laberíntico y esto tiene una significación especial, porque da a entender que el acercamiento del hombre a su propio yo, como centro de su existencia, no es un camino fácil. El mito del laberinto está incluido en el simbolismo del Centro y constituye uno de los más significativos en el mito del retorno al Centro Sagrado o Edén perdido o de la conquista de algo muy valioso que se encuentra en su centro. Es fácil de comprender, pues, la importancia que ha tenido el símbolo del laberinto en la literatura de todos los tiempos. Mircea lo explica así:

> El camino que conduce al centro es un 'camino difícil' ... y esto se comprueba en cada plano de la realidad: ... las dificultades del que busca el camino al yo, al centro de su ser, etc. El camino es arduo, cargado de peligros, porque es, de hecho, un rito del pasaje de lo profano a lo sagrado, de lo efímero e ilusorio a lo real y eterno, de la muerte a la vida, del hombre a la divinidad. El alcanzar el centro es equivalente a una consagración, una incitación; la existencia profana e ilusoria de ayer cede a una nueva existencia, a una vida que es real, duradera y efectiva[9].

De modo que el simbolismo del Centro tiene que ver con un espacio metafísico, en el que el tiempo concreto se transforma en tiempo mítico. Esa nostalgia que siente

---

9   Eliade, *Cosmos*, pág. 18. [La traducción es nuestra].

Oliveira por el Paraíso perdido, por el Origen, está referido a ese Centro que anda buscando, sin saber lo que busca.

> ¿Qué se busca? ¿Se busca? No se buscaría si ya no se hubiera encontrado. Quiere decir que se ha encontrado. ... No es búsqueda porque ya se ha encontrado. Solamente que el encuentro no cuaja. ... para llegar a eso que no tiene nombre, digamos a esa conciliación, a esa reconciliación (125:560 y 561).

> ¿Qué se busca? ¿Qué se busca? Repetirlo quince mil veces, como martillazos en la pared. ¿Qué se busca? ¿Qué es esa conciliación sin la cual la vida no pasa de una oscura tomada de pelo? (125:561).

Es claro, pues, repetimos, que no se trata de un recorrido espacial físico sino metafísico: es un trascender hacia el centro que, como ciudadela de Absoluto está dentro de cada uno; «un rito del pasaje de lo profano a lo sagrado», como anotamos antes. Oliveira, personaje de ficción, en su carácter de autor-narrador recurre a la manera que lo hace un autor-narrador real, por ejemplo Alberto Camus, en el mito de Sísife, a un símbolo mitológico, para referirse a una realidad trascendente, en este caso la búsqueda de un nuevo orden, simbolizada por la búsqueda de un Centro.

En la noche del Club, Oliveira, aunque angustiosa y nostálgicamente siente que todo lo que le rodea es pura ilusión, sin embargo se aferra a una «metafísica de la esperanza», convencido de que

> había más que eso, había la intersección, el acceso por las ilusiones a un plano, a una zona inimaginable que hubiera sido inútil pensar porque todo pensamiento lo destruía apenas procuraba cercarlo. Una mano de humo lo llevaba de la mano, lo iniciaba en un descenso, si era descenso, le mostraba un centro, si era un centro, le ponía ... algo que otra ilusión infinitamente hermosa y desesperada había llamado en algún momento inmorta-

lidad. Cerrando los ojos alcanzó a decirse que si un pobre ritual era capaz de excentrarlo así para mostrarle mejor un centro, excentrarlo hacia un centro sin embargo inconcebible, tal vez no todo estaba perdido y alguna vez, en otras circunstancias, después de otras pruebas el acceso sería posible. ¿Pero acceso a qué, para qué? (12:65).

Pero esta esperanza, como vimos antes, alterna con la duda, como lo revela el soliloquio siguiente, cuando ridiculiza su obsesión de búsqueda:

La culpa la tiene Morelli que te obsesiona, su insensata tentativa te hace entrever una vuelta al paraíso perdido, pobre preadamita de snack-bar, de edad de oro envuelta en celofán. *This is a plastic's age, man, a plastic's age* (93:485).

El Centro, como dijimos antes, está referido a otros símbolos en la novela, los cuales contienen atributos de su esencialidad. El más mencionado es el «kibbutz». La primera vez que se le ocurre a Oliveira pensar en el kibbutz es en ocasión de su visita a los vagabundos del Sena, después de su reflexión ostracista: «Había que saber estar solo ..., pero sin la rue Dauphine, sin el chico muerto, sin el Club y todo el resto» (36:239):

Buscó un puente para meterse debajo y pensar un rato en lo del kibbutz, hacía rato que la idea del kibbutz le rondaba, un kibbutz del deseo. 'Curioso que de golpe una frase brote así y no tenga sentido, un kibbutz del deseo, hasta que a la tercera vez empieza a aclararse despacito y de golpe se siente que no era una frase absurda, ... el kibbutz del deseo no tiene nada de absurdo, es un resumen, eso sí, bastante hermético de andar dando vueltas por ahí, de corso en corso. Kibbutz; colonia, settlement, asentamiento, rincón elegido donde alzar la tienda final, donde salir al aire de la noche con la cara lavada por el tiempo, y unirse al mundo, a la Gran Locura, a la Inmensa Burrada, abrirse a la cristalización del deseo, al encuentro' *(Ibid.)*.

El término kibbutz nos pone en contacto con la tierra. Significa en hebreo, congregado, y se emplea en Israel para designar un tipo de agricultura colectiva, al modo de una cooperativa; sus miembros poseen toda propiedad en común. Se dice, pues, los miembros de un kibbutz. Es interesante notar que Oliveira emplea con símbolos, ya míticos, rituales o consuetudinarios, los de cuatro diferentes corrientes mitológicas y religiosas: la de los hebreos, de quienes menciona especialmente el kibbutz, el Edén, el reino milenario y el Paraíso perdido; la del Oriente, de quienes toma principalmente el Centro y el Mandala, y la rayuela, por supuesto; la de los griegos, de quienes cita la Arcadia, cuyo nombre pertenece a un pueblo muy antiguo situado en el Peloponeso, el cual amaba la quietud apacible del campo y la vida pastoril y repugnaba la guerra; y la cuarta, la de la mitología de los normandos, de quienes nombra el Igdrassil o árbol de la vida, de la muerte y del destino, también llamado árbol del mundo. Lo más significante del mito de Igdrassil es que sus tres raíces madres abrevaban, una en la fuente de la sabiduría, otra en el pozo de las diosas del destino y la tercera en el averno, en las profundidades de la tierra[10]. Todos estos símbolos apuntan o a la meta o a la esencialidad o a la inmortalidad deseadas por el hombre. Sólo el mandala, de los símbolos mencionados alude a un camino o puente espiritual para alcanzar el reposo final. Por lo demás, todos se refieren a símbolos espaciales.

Oliveira menciona el kibbutz simbólicamente con un sentido puramente espacial y existencial. Está convencido que su esperanza de un kibbutz puede terminar en un

---

[10] *The World Book Encyclopedia* (Chicago: Field Enterprises, Inc., 1964), vol. 20, pág. 469.

fracaso. Piensa en ello mientras está guarecido del frío
debajo del puente del Sena.

> Por una vez le era penoso ceder a la melancolía. ... Consin-
> tió en deplorar la distancia que lo separaba de su kibbutz.
> Puesto que la esperanza no era más que una Palmira
> gorda, ninguna razón para hacerse ilusiones. Al contrario,
> ... sentir lúcidamente ... que su búsqueda incierta era un
> fracaso y que a lo mejor en eso precisamente estaba la
> victoria ..., por ser la búsqueda de un kibbutz desesperada-
> mente lejano, ciudadela sólo alcanzable con armas fabu-
> losas, no con el alma de Occidente, con el espíritu, esas
> potencias gastadas por su propia mentira ... esas coartadas
> del animal hombre metido en un camino irreversible.
> Kibbutz del deseo, no del alma, no del espíritu. Y aunque
> deseo fuese también una vaga definición de fuerzas incom-
> prensibles, se lo sentía presente y activo, presente en cada
> error y también en cada salto adelante, eso era ser hombre,
> no ya un cuerpo y un alma sino esa totalidad inseparable,
> ese encuentro incesante con las carencias, con todo lo que
> le habían robado al poeta, la nostalgia vehemente de un
> territorio donde la vida pudiera balbucearse desde otras
> brújulas y otros nombres (36:239 y 240).

Oliveira siente que la victoria de su búsqueda reside
paradójicamente en su fracaso; pues no es con el espíritu
de occidente que puede lograrse. Cortázar se refiere a
esto: «*Rayuela* prueba como mucho de esa búsqueda
puede terminar en fracaso, en la medida en que no se
puede dejar así no más de ser occidental, con toda la
tradición judeo-cristiana que hemos heredado y que nos
ha hecho lo que somos»[11]. De modo que, a pesar de que
siente lúcidamente que su búsqueda del kibbutz es un
fracaso, porque «en eso precisamente estaba la victoria»,
se mantiene firme en su búsqueda:

---

[11] Harss, «Metafísica», pág. 63.

Se moriría sin llegar a su kibbutz, pero su kibbutz estaba allí, lejos, pero estaba y él sabía que estaba porque era hijo de su deseo, era su deseo así como él era su deseo y el mundo o la representación del mundo eran deseo (36:240 y 241).

La esperanza, esa Palmira gorda es completamente absurda, ... mientras que el kibbutz del deseo no tiene nada de absurdo (36:239).
Una piedrita y la punta de un zapato ... mostraba la recta vía del Cielo ..., sí, llegar al Cielo a patadas, llegar con la piedrita (¿cargar con su cruz? Poco manejable ese artefacto) y en una última patada proyectar la piedra contra l'azur, l'azur, l'azur, plaf vidrio roto, ... qué importaba si detrás del vidrio roto estaba el kibbutz, si el Cielo era nada más que un nombre infantil de su kibbutz (36:252).

Porque ese entrar en el kibbutz, símbolo del Edén restaurado, «del rincón elegido donde alzar la tienda final» (36:239), si se logra será a tropezones con estas miserables existencias:

No ya subir al Cielo (subir, palabra hipócrita, Cielo, flatus vocis), sino caminar con pasos de hombre por una tierra de hombres hacia el kibbutz allá lejos pero en el mismo plano, como el Cielo estaba en el mismo plano que la Tierra en la acera roñosa de los juegos ... y un día alguien vería la verdadera figura del mundo» (36:253).

Indistintamente Oliveira se refiere al Centro y al kibbutz y a la Unidad, para representar la misma idea: la búsqueda de un nuevo orden: «No poder hacerse siquiera una noción de esa unidad que otras veces llamaba centro, y que a falta de contorno más preciso se reducía a imágenes como la de un grito negro, un kibbutz del deseo» (56:384).

El tema existencialista de la Trascendencia lo encontramos presentado significativamente en el desenlace de la novela. La muerte también juega allí un papel muy importance. La acción se mueve constantemente en dos planos, como ocurre en la escena del puente tablón: la realidad ambiental se comporta como símbolo de una realidad trascendente, que en este caso alcanza proporciones metafísicas.

Cuando Oliveira está haciendo la guardia en el asilo de alienados, hay un momento en que, mientras se halla en la penumbra del pasillo, le asalta la idea de que alguien intenta matarlo: «La idea de que alguien tratara de matarlo no se le había ocurrido hasta ese momento a Oliveira, pero ... no era una idea nueva, que no se derivaba de la atmósfera del pasillo con sus puertas cerradas y la caja del montacargas en el fondo» (54:367). Es claro que la idea provenía de algo más allá de él mismo; pues cuando se detiene al lado del agujero del montecargas y mira hacia el fondo oscuro del pozo, piensa en términos simbólicos, como es su costumbre hacerlo usando mitos, ritos y figuras, y se le imagina el sótano hondo y oscuro donde guardan los muertos, Campos Flegreos y el agujero de acceso, agujero de Eleusis:

> Deteniéndose al lado del agujero del montacargas miró el fondo negro y pensó en los Campos Flegreos, otra vez en el acceso. En el circo había sido al revés, un agujero, en lo alto, la apertura comunicando con el espacio abierto, figura de consumación; ahora estaba al borde del pozo, agujero de Eleusis (54:367).

> Pensar que él había esperado. Esperado un pasaje. ... ¿Pasaje a qué? ¿Y por qué la clínica tenía que servirle de pasaje? (54:368).

El pasaje no se produce esta vez hacia el espacio abierto, en lo claro, sino hacia abajo en lo abismal y oscuro. El agujero mira hacia abajo, hacia el interior, hacia la tierra; en el circo era hacia arriba, hacia el exterior, hacia el cielo.

Dos pensamientos se entrecruzan en la mente de Oliveira: el nombre de Manú (Traveler) y el pasaje que había esperado. Momentos después le confiesa a Talita: «Cuando llegaste estaba en pleno trance shamánico, a punto de tirarme por el agujero para terminar de una vez con las conjeturas, esa palabra esbelta» (54:369). Talita es consciente del estado de Oliveira, aunque no lo comprende enteramente, según se puede ver en lo que le dice a Manú más tarde: «Horacio hablaba todo el tiempo del descenso, de esos huecos que le preocupan. ... No era como bajar. Hablábamos, pero yo sentía como si Horacio estuviera desde otra parte» (55:376). Es evidente que Horacio está perdiendo el juicio.

De repente, estando Oliveira y Talita hablando, sienten subir el montecargas, que se detiene en el tercer piso donde están ellos. Para sorpresa de los dos sale del montacargas uno de los alienados, un viejo que sufre de la monomanía de creer que lleva todo el tiempo en su mano una paloma, a la cual acaricia constantemente. El viejo sube de visitar un amigo en el sótano, el muerto 56, y Oliveira piensa que la falta de comunicación de este viejo loco hablándole a un muerto es la misma que la suya hablándole a Talita o a los demás, como si fueran también «un par de pies saliendo del hielo» (54:371). Lo único que recibe en cambio es lástima. «Le tenían tanta lástima que era positivamente una delicia» (54:372).

Oliveira decide bajar en el montecargas al sótano, para cerciorarse de que no hay ningún otro paciente allí. Talita baja con él. Es en este descenso de Oliveira al sótano de los muertos que comienza el declive del clímax de la novela, alcanzado en la escena del puente tablón (capítulo 41).

Para entender el significado trascendente del descenso de Oliveira, sugerido por los símbolos que él mismo piensa, tenemos que saber a que se refieren estos símbolos. Debemos de tener siempre presente que *Rayuela* es una novela de símbolos (y también de figuras) y que para entenderla hay que conocer los símbolos que emplea. Dicho, pues, muy brevemente y al punto: los Campos Flegreos es el lugar en Macedonia donde, según la mitología griega, los gigantes atacaron a los dioses y fueron vencidos por estos[12]. Pero para mayor claridad de este suceso heroico y su aplicación simbólica a la novela, nos sentimos obligados a referirnos a las circunstancias que produjeron ese evento mitológico extraordinario.

Comenzaremos, pues, diciendo que se creía que Zeus (Júpiter), el rey de los dioses del Olimpo había dividido el mundo entre sus dos hermanos: la parte subterránea o de debajo de la tierra se la dio a Hades y la región de las aguas se la entregó a Neptuno, quedando Zeus reinando supremo en el cielo y sobre los dioses y los hombres. Este lugar en las entrañas de la tierra era densamente oscuro y estaba dividido en dos zonas: aquella a donde iban los muertos, nombrada Hades (semejante al Sheol de los hebreos y al infierno de los católicos y protestantes); la otra, Tartarus, en lo más profundo y tenebroso, donde Zeus ponía los gigantes rebeldes. Estos gigantes eran los descendientes de Uranus, padre de los titanes o raza de dioses investidos de una fuerza extraordinaria, los cuales cierta vez salieron a tierra y atacaron a los dioses y fueron vencidos por éstos en los Campos Flegreos.

En cuanto al «agujero de Eleusis», la mención está aludiendo a los misterios más famosos del mundo antiguo, en el templo de Eleusis, situado en una pequeña

---

12 *Dictionary of Classical Mythology* (New York: Harper and Row Publisher, 1964). [Citado en lo sucesivo como *Dictionary of Classical Mythology*].

ciudad cerca de Atenas. Estos misterios consistían en purificaciones, ayunos y ritos rendidos como culto a la diosa Proserpina, esposa de Hades, y a Demetria su madre, diosa de la vida (de la fertilidad). Esos misterios se creía que constituían el pasaje a un mundo futuro y a la resurrección y a la inmortalidad[13]. Oliveira, parado en el borde del agujero que servía de entrada al pozo, reflexiona:

> Pensar que yo había esperado un pasaje. ¿Qué clase de templos andaba necesitando, qué intercesores, qué hormonas psíquicas o morales que lo proyectaran fuera o dentro de sí? (54:367 y 368).

También tenemos que referirnos a las circunstancias que motivaron el ritual misterioso del templo de Eleusis, a fin de encontrar su posible simbolismo en la novela, siguiendo el pensamiento de Oliveira. Del largo relato sólo aprovecharemos los detalles que vienen al caso.

Resulta, pues, que de la unión de Zeus con su hermana Demetria, diosa muy apreciada por todos los mortales, por su don de fertilidad, nació la hermosa Proserpina, a quien su madre tributaba un cariño sin igual. Su belleza despertó una pasión descomunal en Hades, dios de los muertos, quien la codició hasta el punto de conseguirla recurriendo a un engaño fabuloso, sabiendo que su hermana Demetria nunca se la daría por esposa. De resultas del engaño la tierra se abrió y en una carroza Hades la arrebató a las profundidades de la tierra. Cuando Demetria echó de menos a su hija, comenzó a buscarla con muchas lágrimas, vagando por toda la tierra. Después de cierto tiempo el sol le reveló donde estaba Pro-

---

[13] *Dictionary of Classical Mythology.*

14

serpina, y ello, al aumentar tanto más su pesar, hizo que ella retirara sus dones de sobre la tierra para que ésta no diera su fruto; esto fue causa de que sobreviniera una grande hambre. Demetria, transida por la tristeza y las lágrimas y el mucho vagar, se sentó a descansar al borde de un pozo, en Eleusis. Estando allí se le acercó una joven princesa, que no reconociéndola le pidió ir al palacio para cuidar del hermoso niño que su madre la reina acababa de dar a luz. Demetria fue con ella al palacio, pero rehusó ocuparse del pequeño infante. Sólo después de haber bebido una poción de agua de cebada y menta preparada magistralmente por la reina, Demetria aceptó tomar a su cargo el niño. Desde ese momento el pequeño príncipe, siendo cuidado por una diosa, comenzó a crecer como un ser inmortal, porque Demetria lo alimentaba con ambrosía, el sustento de los dioses, y lo adiestraba para la inmortalidad acostándolo sobre el fuego. Pero cuando la reina lo descubrió se llenó de terror, y esta falta de confianza enojó a la diosa, que arrebatando al niño de las llamas lo arrojó a los pies de su madre, al mismo tiempo que se daba a conocer a ella declarándole quién era. A continuación la diosa le pide a la reina que le construya un templo en Eleusis, lo cual la reina hizo con premura. Sucedió luego que por causa del hambre que había en toda la tierra, Zeus, temiendo por la vida de los mortales, comisionó al dios Hermes, conductor de las almas y mensajero de los dioses, para que fuera a la región de los muertos y le pidiera a Hades que devolviera Proserpina a su madre. Después de ciertos ajustes en las condiciones, Hades se avino a retener a Proserpina sólo cuatro meses todos los años, devolviéndola a Demetria el resto del tiempo. Con esto quedó restaurado el orden en la tierra: la vida volvió a todo lo creado y Demetria regresó de nuevo al Olimpo, morada de los dioses inmortales[14].

De acuerdo al relato mitológico estamos tratando con símbolos arquetípicos míticos y rituales, los cuales en la novela se entrecruzan. En realidad es porque en el arquetipo se trata de un símbolo dentro de otro, y en el tipo, de dos objetivos, el uno como símbolo del otro: la búsqueda de la Maga y la búsqueda de Absoluto. De aquí que la realización existencial de Oliveira esté relacionada y comprometida con el encuentro de la Maga. El desenlace de estos dos objetivos se da en la crisis existencial del protagonista Lo entendemos así de la manera que sigue:

El mito de Eleusis, sugerido en la novela por ese momento en que Oliveira, como Demetria, está «al borde del pozo, agujero de Eleusis» (momento climático en la experiencia de Demetria), nos da la clave para entender la crisis existencial del protagonista. En el plano real de la novela, la búsqueda ansiosa de la Maga por Oliveira, su ansia obsesionada de un encuentro con ella, está simbolizada por la búsqueda delirante de Proserpina por Demetria; así, como en el plano real de la mitología. Oliveira busca a la Maga no sabiendo de fijo que está muerta; del mismo modo Demetria busca a Proserpina ignorando que está en Hades. En el plano trascendente, Oliveira, tan pronto como se adueña de él la convicción de que la Maga ha muerto («Yo sentía», le cuenta Talita a su esposo, «como si Horacio estuviera desde otra parte, hablándole a otra, a una mujer ahogada» —55:376), convierte la búsqueda de la Maga en una búsqueda metafísica, «una ceremonia ontologizante, dadora de ser» (22: 120). Del mismo modo lo hace Demetria cuando sabe

---

[14] Julia Wolfe Loomis, *Mythology* (New York: Simon and Schuster, Inc., 1965), págs. 22-26.

que Proserpina está en Hades (región de los muertos);
transforma la búsqueda de Proserpina en una búsqueda
metafísica y lo mismo ontologizante, dadora de la resurrección y de la inmortalidad, por medio del rito religioso
del templo que manda a la reina de Eleusis que le construya. Todo ello con el propósito de sacar, ceremonial-
mente, a Proserpina de Hades, ya que no le es posible
hacerlo en la realidad. De manera semejante Oliveira
aspira a una posible reunión con la Maga, «donde se
podía haber muerto ahogada en un río ... y asomar ...
para repetir en la rayuela la imagen misma de lo que
acababa de alcanzar, la última casilla, el centro del mandala» (54:374). La imagen de la Maga lo incita hacia
un centro, un kibbutz del deseo; «Así la Maga dejaría
de ser un objeto perdido para volverse la imagen de una
posible reunión —pero no ya con ella sino más acá o
más allá de ella; por ella, pero no ella» (48:440); a manera de una ceremonia, lo cual presupone un estado perfecto e inmortal. La ambigüedad de la búsqueda metafísica
de Oliveira (él no sabe a ciencia cierta lo que busca
—125:561) también se corresponde con los misterios del
mito de Eleusis.

De todo lo dicho se infiere porque Oliveira, cuando
observa que el agujero que hace de pasaje se encuentra
esta vez al borde del pozo y no en lo alto como en el
circo, reconoce en seguida la relación simbólica con el
significado del ritual de Eleusis: primero era el descen-
dimiento al interior: soledad, renunciamiento, humilla-
ción, purgación, hasta alcanzar la perfección; luego venía
la resurrección y la inmortalidad como el ascenso después
de la muerte, correspondiendo, como dijimos, con el
deseo de Demetria de sacar a Proserpina del subterráneo
de Hades (muerte) al campo abierto y de fertilidad de
Demetria (vida). En lo simbolizado el proceso es el

mismo: un descenso del hombre a su interior, para encontrarse consigo mismo y realizarse existencialmente, alcanzado así la perfección, el absoluto, la esencialidad, que debía llegarle desde el centro de la vida, desde ese otro pozo» (54:373), pues «gana el que conquista el centro» (154:625); todo ello a semejanza del propósito del pasaje del culto a Proserpina (muerte) al culto a Demetria (vida). Este es el pasaje que está esperando Oliveira: «Pensar que yo había esperado un pasaje», se dice a sí mismo, recordando, sin duda, el símbolo. Y repite: «Pensar que él había esperado. Esperado un pasaje. ...¿Pasaje a qué? ¿Y por qué la clínica tenía que servirle de pasaje? (54:367-368). Es de suponer que la clínica se le aparece como un templo, el templo de Eleusis; porque agrega: «¿Qué clase de templos andaba necesitando, qué intercesores, qué hormonas psíquicas o morales que lo proyectaran fuera o dentro de sí?» (54:368-369). Es de notarse también que en lo simbolizado, la realización existencial ocurre con certidumbre de la muerte, implica por la presencia de los cadáveres en el sótano, un «hades refrigerado», lo mismo que en el símbolo arquetípico.

Mencionaremos de paso un detalle más, el cual nos parece bastante significativo en relación con la ceremonia del templo, de la fábula mítica. Ello es la poción de agua de cebada y menta que bebían los iniciados como parte de las formalidades del culto de Eleusis, y que dio a beber a Demetria la reina de Eleusis para conseguir que cuidara del príncipe recién nacido. En el sótano Oliveira «abría una heladera y sacaba una botella de cerveza, piedra libre para cualquier cosa con tal de acabar esa comedia» (54:372). La cerveza proviene originariamente de la cebada y se cree que es la bebida alcohólica más antigua. Oliveira invita a Talita a tomar de la cerveza, Talita rehusa. Ello podría indicar que ella no era la

Maga para participar en la «ceremonia ontologizante» con él.

Oliveira había conversado con Ossip en alguna ocasión acerca de ese descender, ese resbalarse como por un agujero dentro de sí mismo, para verse interiormente y encontrar la armonía consigo mismo, la esencialidad del principio. En esa ocasión emplea la figura de un lavabo:

> Te caés hacia adentro, mientras te cepillás los dientes sos un verdadero buzo de lavabos, es como si te absorbiera el lavatorio blanco, te fueras resbalando por ese agujero que se te lleva el sarro, los mocos, las lagañas, las costras de caspa, la saliva, y te vas dejando ir con la esperanza de quizá volver a lo otro, a eso que eras antes de despertar y que todavía flota, todavía está en vos, en vos mismo, pero empieza a irse... Sí, te caés por un momento hacia adentro. Experiencia típicamente existencial —dijo Gregorovius (57: 408).

En otra ocasión es Pola quien alude a un pozo o a un embudo, refiriéndose a esa actitud de Oliveira de compenetrarlo todo, y de hablar de ello en un lenguaje metafórico que trituraba.

O.—Hacés demasiado caso de unas pocas metáforas.
P.—No es solamente que lo digas, es una manera de ... No sé, como un embudo. A veces me parece que me voy a caer en un pozo. Es peor que soñar que uno se cae en el vacío.
O.—Tal vez —dijo Oliveira— no estás perdida del todo. (64:421 y 422).

Oliveira piensa también en otro mito, el de los Campos Flegreos (cuya descripción dimos antes), según mira al fondo del pozo. El, que siente que tiene que llevar a cabo su experimento existencialista de autenticidad del ser, tiene que, como los dioses míticos, luchar también en los Campos Flegreos para vencer a los gigantes. Su campo de batalla es también el mundo, pero un mundo muerto, como el pozo donde están los muertos refrigerados: el mundo de la «Gran Costumbre». Aquí es donde Oliveira tiene que trabarse en batalla campal cuerpo a cuerpo y sin lástima con los gigantes que se oponen a su realización existencial auténtica. Por un instante en el sótano Oliveira siente como que la lástima de Talita (a quien él ve como la Maga en ese momento) le arrastra a claudicar de su propósito:

> Entonces ... eso era como un fin, la apelación a la piedad ajena, el reingreso en la familia humana, la esponja cayendo como un chasquido repugnante en el centro del ring. Sentía como si se estuviera yendo de sí mismo, abandonándose para echarse —hijo (de puta) pródigo— en los brazos de la fácil reconciliación, y de ahí, a la vuelta todavía más fácil al mundo, a la vida posible, el tiempo de sus años, a la razón que guía las acciones de los argentinos buenos, del bicho en general. Estaba en su pequeño cómodo Hades refrigerado (54:371 y 372).

El acomodo al mundo «esas metáforas tranquilizadoras, esa vieja tristeza satisfecha de volver a ser el de siempre, de continuar, de mantenerse a flote contra viento y marea, contra el llamado y la caída» (55:378); todo eso que convierte al hombre en cosa muerta, está implicado en esa sensación de conformidad en su «cómodo Hades». Ya Oliveira había aludido a esto cuando en ocasión de la muerte de Rocamadour había dicho: «Lo más probable es que él esté vivo y todos nosotros muertos» (28:185). El individuo humano vive en un estado frígido, exánime, insensible a las fuerzas que combaten su existencia.

Es obvio que el significado metafísico del descenso de Oliveira al sótano de los muertos podría ser referido también al mito del héroe épico que descendía a la región de Hades para recibir la iluminación que necesitaba para llevar a cabo sus hechos fabulosos, su destino, que siempre era para el héroe épico una lucha cósmica en contra del caos, en la cual lucha se inmortalizaba. En el caso de Oliveira, no se trata de recibir alguna iluminación sino de encontrarse consigo mismo; esto es, el regreso al Centro, al kibbutz de su deseo, «la última casilla, el centro del mandala, el Ygdrassil vertiginoso por donde se salía a una playa abierta, a una extensión sin límites, al mundo debajo de los párpados que los ojos vueltos hacia adentro reconocían y acataban» (54:374). Ese mundo «no lo encontraremos recortando su silueta en el tumulto fabuloso de los días y las vidas, ... Ese mundo no existe, hay que crearlo como el fénix (el ave fabulosa de la mitología egipcia, que tenía que renacer de sus propias cenizas). Ese mundo existe en éste» (71:435).

Cuando Oliveira sube del pozo ha llegado al clímax de sus crisis existencial. Habiendo agotado todas sus posibilidades le queda o avenirse con el mundo o hacer frente a las consecuencias de la búsqueda de un nuevo orden. Esta disyuntiva está representada por Traveler como símbolo del territorio mundo y por la Maga como símbolo de la búsqueda metafísica de Oliveira de un Centro, de un nuevo orden. La crisis existencial de Oliveira se da, pues, en el espacio: Traveler hacia adentro, la Maga hacia afuera.

Aparentemente, cuando Oliveira sube del pozo está dominado por la locura, víctima de una condición paranoica. Se siente alucinado por la pertinaz idea de que ese alguien que él pensaba que quería matarlo era Traveler. A esto se suma su estado monomaníaco de una búsqueda. Acosado por estas dos preocupaciones se propone construir un laberinto de piolines que ha de servirle, en el primer caso, de defensa contra el ataque de Traveler, y en el segundo como el único acceso hacia la ventana que da afuera al patio donde se encuentra Talita, representación de la Maga. Es obvio que detrás de la realidad aparente se esconde un realidad trascendente.

No es nada raro que Oliveira planee construir un parapeto laberíntico de defensa con piolines, él que tenía «la costumbre de andar siempre con piolines en los bolsillos, de juntar hilos de colores y meterlos entre las páginas de los libros, de fabricar toda clase de figuras con hilos y goma tragacantos.... Los piolines y los hilos lo alegraban» (56:379). Por otra parte, siendo que *Rayuela* es una novela de símbolos y figuras, es natural que su tema central, la búsqueda, termine con un laberinto; en este caso el parapeto formado por los piolines y las escupideras y una lata vacía de dulce de batata. Pues en el arquetipo mítico iban siempre juntos la búsqueda y el andar vagando por un laberinto. Este cumplía también la doble función, de protección del lugar donde se encontraba algo valioso, y de acceso como único camino posible de llegar a lo que se buscaba. La búsqueda y el laberinto, como habíamos dicho ya, son dos grandes temas de la mitología, sólo superados en importancia por el tema de la historia de la Creación. Ellos han influenciado la literatura de todos los tiempos. En *Rayuela* el laberinto ocurre como metáfora simbólica de una ultra-rrealidad.

En la crisis existencial del protagonista de la novela, el motivo central está dado por su encuentro con Traveler. Este decide ir a ver a Oliveira en su pieza, a raíz de lo que Talita le ha contado horas antes, a su vuelta de haber estado con Horacio en el sótano: que él piensa que Traveler lo quiere matar; cosa que no se encuentra en la novela que Oliveira le haya dicho a Talita. Es como si Talita lo hubiera captado del miedo que Horacio le había dicho que sentía y que se lo decía como si ella fuera la Maga. «Se había oído hablándole a Talita como si fuera la Maga, sabiendo que no era pero hablándole de la rayuela, del miedo en el pasillo, del agujero tentador» (54:371). Traveler ve lo ridículo de ese miedo: «De manera que el pobre infeliz tenía miedo de que él lo matara, era para reírse. ¿Te lo dijo realmente? Cuesta creerlo, vos sabés el orgullo que tiene» (55:378). Parecería que Traveler pensara que era Talita quien se lo había imaginado.

No hay duda que el parapeto laberíntico defensivo cn contra de Traveler es un símbolo del ataque defensivo de Oliveira en contra del mundo. Oliveira sabe que la realización auténtica de su ser depende de que haya muerto al mundo y Traveler es ese mundo: «Vos sos el abanderado, el heraldo de la rendición, de la vuelta a casa y al orden» (56:397). «Vos que adoras las explicaciones como todo hijo de los cinco mil años» (56:401). «Traveler era ... el hombre del territorio, el incurable error de la especie descaminada» (56:402). Oliveira siente que todo eso que es Traveler está en él, por lo que Traveler se convierte en su *doppelgänger*. Le dice a Traveler:

> Pero vos que estás en armonía con el territorio no querés entender este ir y venir, doy un empujón y me pasa algo, entonces cinco mil años de genes echados a perder me tiran para atrás y recaigo en el territorio, chapaleo dos semanas, dos años, quince años... Un día meto el dedo en la costumbre y es increíble como el dedo se hunde en la costumbre y asoma por el otro lado, parece que voy a llegar por fin a la última casilla. ... En fin, cinco mil años me tiran otra vez para atrás y hay que volver a empezar. Por eso siento que sos mi *doppelgänger*, porque todo el tiempo estoy yendo y viniendo de tu territorio al mío,

si es que llego al mío, y en esos pasajes lastimosos me
parece que vos sos mi forma que se queda ahí mirándome
con lástima, sos los cinco mil años de hombre amontonados
en un metro setenta, mirando a ese payaso que quiere
salirse de su casilla (56:400).

Por eso Oliveira tiene que terminar de una vez con el
territorio Traveler, a fin de encontrarse instalado defini-
tivamente en el suyo. El se lo dice a Traveler, cuando
éste, después de haberse sacado los piolines por todas
partes y haber dominado su furia contra Oliveira, le dice:

> —Estás completamente chiflado ... Esta vez no hay vuelta
> que darle. Mirá que imaginarte que yo... ¿Pero vos real-
> mente creés...?
> —A lo mejor en el fondo es necesario, Manú. ... Lo que
> yo creo de todo esto importa muy poco al lado de lo que
> tiene que ser, nos guste o no nos guste. Hace tanto que
> somos el mismo perro dando vueltas y vueltas para mor-
> derse la cola. ... Digamos dos maneras, necesitadas de que
> la una quede abolida en la otra y viceversa (56:394).

No obstante, Oliveira se esfuerza por imaginar un
posible entendimiento con el mundo, pero se convence
que eso sería como una conciliación, no como un rompimiento. De ninguna manera podría echarse «en los
brazos de la fácil reconciliación ... a la vuelta todavía
más fácil al mundo» (54:371). Ya no podía adaptarse al
territorio Traveler. «Solución en nada de acuerdo con
su soberbia y su intención de resistir a cualquier forma
de entrega» (56:389):

> Podía suceder que la llegada de Traveler fuera como un
> punto extremo desde el cual intentar una vez más el salto
> de lo uno en lo otro y a la vez de lo otro en lo uno,
> pero precisamente ese salto sería lo contrario de un choque,
> Oliveira estaba seguro de que el territorio Traveler no
> podía llegar hasta él aunque le cayera encima, lo golpeara,

le arrancase la camiseta a tirones, le escupiera en los ojos
y en la boca, le retorciera los brazos y lo tirara por la
ventana (56:388 y 389).

«Una sola cosa sé», le dice Oliveira a Traveler, «y es que
de tu lado ya no puedo estar, todo se me rompe entre
las manos» (56:400).

Es claro que el sentimiento de Oliveira que Traveler
quería matarlo es símbolo del imperio que el mundo
quiere ejercer sobre él, haciéndole desistir de su búsqueda existencial, la realización auténtica de su ser. Así,
en vez de quedar instalado Oliveira en su territorio,
independiente de un *doppelgänger*, por haber muerto al
mundo, sería Traveler quien habría invadido el territorio
de Oliveira, reintengrándolo al mundo. La defensa, pues,
que construye Oliveira contra Traveler, pensando que
éste lo quería matar es un símbolo de su separación de
un mundo que representa la muerte para Oliveira.

Por otra parte, el protagonista está consciente de lo
estéril de la lucha existencial del hombre frente a un
mundo sin sentido, que parece demandar su aceptación y
acomodo. Sabe que hay que buscar otra cosa, pero se
siente por momentos impotente para salir del laberinto
y entrar en lo esencial. Todo esfuerzo resulta vano y fútil
y tan frágil, movedizo y enmarañado como el embrollo
de los piolines. De aquí que si por un momento el pensamiento de evasión le asalta, siente al instante cierta alegría y paz:

Oliveira sintió que el miedo empezaba a irse, y que eso era
malo. ... Le entraba un contento por fin sin palabras, sin
nada que ver con el territorio, y la alegría era precisamente
eso, sentir como iba cediendo el territorio. ... Con cada
inspiración el aire caliente del mundo se reconciliaba con
él como ya había ocurrido una que otra vez en su vida. ...
Por unos minutos había hecho la paz consigo mismo y eso

equivalía a abolir el territorio, a vencer sin batalla y a querer dormirse por fin en el despertar, en ese filo donde la vigilia y el sueño mezclaban las primeras aguas y descubrían que no había aguas diferentes; pero eso era malo, naturalmente (56:390).

Esta lucha por llegar a ser está implicada metafóricamente en las cavilaciones de Oliveira, reflejo de la lucha angustiosa del hombre existencial:

Entre tanto se podía estar en la ventana fumando, estudiando la disposición de las palanganas acuosas y los hilos, y pensando en la unidad tan puesta a prueba por el conflicto del territorio versus la pieza. ... Nada de todo eso podía pensarse, pero en cambio se dejaba sentir en términos de contracciones de estómago, territorio, respiración profunda o espasmódica, sudor en la palma de las manos, encendimiento de un cigarrillo, tirón de las tripas, sed, gritos silenciosos que reventaban como masas negras en la garganta ... ganas de dormir, miedo de dormir, ansiedad ... y basta, che, basta por favor; pero era bueno haberse sentido profundamente ahí durante un tiempo inconmensurable, sin pensar nada, solamente siendo eso que estaba ahí con una tenaza prendida en el estómago. *Eso* contra el territorio, la vigilia contra el sueño (56:384).

Sí, era preferible, de todos modos, estar en vela que caer en el sueño letal de la reconciliación con el mundo. Esa experiencia existencial sentía él que valía por sí misma, aunque no se llegara a alcanzar la unidad.

Oliveira emplea metafóricamente «el conflicto del territorio versus la pieza», en relación con esa unidad «puesta a prueba», la cual anda buscando sin poder «hacerse siquiera una noción de esa unidad» (56:384); «corroborar una vez más que no había la más remota esperanza de unidad» (*Ibíd.*), «que no existía esperanza alguna de unidad» (56:388), a pesar de que «había sido lo bastante infeliz como para imaginar la posibilidad de una vida digna al término de diversas indignidades llevadas a cabo» (56:384).

Oliveira es consciente del sentido metafórico simbólico del territorio Traveler y de los hilos y las palanganas, del mismo modo que lo fue de la metáfora simbólica del puente tablón y Talita. «Pero qué se ganaba con metáforas a esa hora de la noche» (56:389):

> Mejor todavía era sentir que el asesino no era un asesino, que el territorio ni siquiera era un territorio, adelgazar y minimizar y subestimar el territorio para que de tanta zarzuela y tanto cenicero rompiéndose en el piso no quedará más que ruido y consecuencias despreciables *(Ibíd.).*

Todo puras metáforas:

> Nos hace falta un Novum Organum de verdad, hay que abrir de par en par las ventanas y tirar todo a la calle, pero sobre todo hay que tirar también la ventana, y nosotros con ella. Es la muerte o seguir volando. Hay que hacerlo, de alguna manera hay que hacerlo (147:616).

Los puchos que desacertadamente Oliveira tiraba sobre la rayuela desde la ventana aluden a esta búsqueda difícil y azarosa: «Tiraba el pucho de manera que cayese en la novena casilla, y lo veía caer en la octava y saltar a la séptima, pucho de mierda» (56:387). Le dice a Traveler: «Es tan difícil, *doppelgänger,* yo me he pasado toda la noche tirando puchos sin embocar más que la casilla ocho» (56:399).

El gran sentido de la novela está dado en el mismo fin, en el diálogo entre Oliveira y Traveler:

> —Yo no te odio —dijo Traveler—. Solamente que me has acorralado a un punto en que ya no sé qué hacer.
> —Yo tampoco te odio, hermano, pero te denuncio, y eso es lo que vos llamás acorralar (56:394).

Rayuela es la denuncia de un modo de vivir inauténtico. Es la denuncia del territorio mundo, en el cual el hombre Traveler queda acorralado sin encontrar respuesta. Oliveira piensa: «Si por lo menos Manú fuera capaz de sentir que nada de lo que estaba pensando tenía sentido ..., que sólo valía del lado de las palanganas y los rulemanes» (56:395), del lado de esa intrincada red de realidades falsas y triviales que separaba los dos territorios: el territorio Traveler y el territorio Oliveira, o lo que éste busca, lo que todos buscamos. «Todos quisiéramos el reino milenario, una especie de Arcadia», le dice a Traveler, «donde nos daríamos de verdad la mano en vez de repetir el gesto del miedo y querer saber si el otro lleva un cuchillo escondido entre los dedos» (56:400).

La novela termina orientada hacia una metafísica de la esperanza, a pesar del fracaso aparente de la búsqueda. Oliveira ve en Traveler al representante de la raza humana en su larguísima peregrinación en este mundo, y lo contempla capaz de ser un hermano, dispuesto a seguir su destino implacable. «Traveler lo miraba, y Oliveira vio que se le llenaban los ojos de lágrimas» (56:401).

Después de lo que acababa de hacer Traveler, todo era como un maravilloso sentimiento de conciliación y no se podía violar esa armonía insensata pero vivida y presente, ya no se la podía falsear, en el fondo Traveler era lo que él hubiera debido ser con un poco menos de maldita imaginación, era el hombre del territorio, el incurable error de la especie descaminada, pero cuánta hermosura en el error y en los cinco mil años de territorio falso y precario, cuánta hermosura en esos ojos que se habían llenado de lágrimas ... cuánto amor en ese brazo que apretaba la cintura de una mujer (56:402).

VII. LAS IMAGENES EN RAYUELA

Al estudiar los temas existencialistas de la novela *Rayuela* notamos en las citas usadas el frecuente uso que se hace de las imágenes, especialmente con sentido existencial. Por esto nos ha parecido bien dedicar un capí tulo aparte para considerar algunas de las imágenes más representativas del estilo de la novela, sinestesias y metáforas, separadas de su contexto, para darle una atención particular.

Es evidente que las imágenes en *Rayuela* constituyen el recurso estilístico más excelente de la novela para salvar el problema de la expresión, cumpliendo así una función semejante a la indicada por las figuras y los dibujos para substituir o representar las palabras y también análoga a la sugerida por los sonidos metafóricos de las jitanjáforas, según vimos al principio. Como dice Morelli: «Todo accede a la condición de *figura,* donde todo vale como signo y no como tema de descripción..., hacia una trascendencia en cuyo término está esperando el hombre (116:545).

La imagen en *Rayuela* es generalmente de tipo visionario: el impacto es emocional e irracional, por lo tanto intensamente subjetivo. Casi todo el tiempo se está frente al fenómeno de una visión. «Las sinestesias», nos dice Carlos Bousoño, «son casos particulares de visiones. ... Cierta cualidad fantástica usurpa el puesto de otra u otras realmente poseídas por el objeto»[1]. No se trata, pues, de una metáfora. *Rayuela* contiene sinestesias en profusión, por lo mismo que la cualidad fantástica de la sinestesia refleja el subjetivismo inherente del existencialismo que prevalece en todo el libro. En cuanto a la metáfora, generalmente se comporta en la novela con efectos mágicos y con valor trascendente, evadiendo la realidad sensible inauténtica para reflejarse en otra realidad, es decir, proyectarse más allá de lo objetivo a fin de identificarse con una visión. Las imágenes metafóricas se dan de múltiples maneras, según veremos en seguida por los ejemplos que anotaremos después de tratar con la sinestesia.

SINESTESIAS:

Comenzaremos por dar un ejemplo referido a la angustia existencial. Esta está asociada a una sensación de color:

> Me estoy atando los zapatos, contento, silbando, y de pronto la infelicidad. Pero esta vez te pesqué, *angustia,* te sentí previa a cualquier organización mental, al primer juicio de negación. Como un *color, gris* que fuera un *dolor* y fuera el *estómago* (67:426).

---

[1] Carlos Bousoño, *Teoría de la expresión poética,* 4.ª edición muy aumentada (Madrid: Editorial Gredos, S. A., 1966), pág. 129.

La sensación visual de color referida a la angustia está a su vez asociada con la de dolor, la cual se concretiza al identificarse con una sensación física, la del estómago. Se trata en realidad de un encabalgamiento de sinestesias: angustia-color, color-dolor, dolor-estómago; pero todas con referencia a la angustia.

En este otro ejemplo, lo abstracto está materializado. «Las ideas» van asociadas a la cualidad fantástica visual de «barquitos felices».

> Las *ideas* a vela, impulsadas por el viento primordial que sopla desde abajo ... Basta un cambio de brisa ... y al segundo están aquí las *barquitas felices* con sus velas de colores (67:426).

Los dos ejemplos que sigue son de esta misma naturaleza:

> Y todo el mundo enfurecido, hasta yo con el azúcar apretado en la palma de la mano y sintiendo cómo asquerosamente se deshacía en una especie de *venganza pegajosa* (1:23).

La concretización de lo abstracto está en este caso dada por una sensación táctil. En este otro ejemplo la ocurrencia de una idea está asociada a una sensación física:

> Se me ocurría como una especie de *eructo mental* que todo ese abecé de mi vida era una penosa estupidez (2:25).

Veamos este otro caso de sinestesia, por cierto muy complejo:

> Ansié la dispersión de las *duras constelaciones*, esa *sucia propaganda luminosa* del *Trust Divino Relojero* (67:427).

Hay tres grupos de sinestesias: Primero, la asociación de luz y tacto en «duras constelaciones». Segundo, la sensación visual «sucia» y la de luz, «luminosa», referidas al mismo objeto abstracto, «propaganda». Tercer grupo, una cualidad abstracta, «Trust», y una concreta y abstracta a la vez, «Relojero», según se refiera a lo táctil o al tiempo, están asociadas con la divinidad, «Divino». Nos damos cuenta que estamos tratando con símbolos. Por el contexto en el mismo capítulo observamos que lo que ansía la persona que habla (cuyo nombre no se da) es la dispersión de todo ese sistema de propaganda («constelaciones») basada en «la perfección eterna del cosmos, que tanto maravilla y encanta a las religiones» para probar la autenticidad de Dios. Esa propaganda es resistente y complicada («constelaciones duras»). Por aposición, el siguiente grupo de sinestesias declara, con sensaciones antitéticas, que se trata de una propaganda subversiva («sucia») e inteligente («luminosa») del «Divino», cuyo nombre completo está formado por las características atribuidas sinestésicamente a su personalidad: la de un «Trust» y un «Relojero». Estos atributos aluden a un monopolio y a un escrutinio inflexibles. La subjetividad de las imágenes sinestésicas contribuye ricamente en este caso a la expresión de lo existencial y lo metafísico.

En el ejemplo que sigue, la luz está asociada con la sensación visual de una substancia sólida que flota sobre el agua; esto para decir que estaba amaneciendo:

...y apenas la *luz de ceniza y olivo* que flota sobre el río me dejaba distinguir las formas, ya su silueta delgada se inscribía en el Pont des Arts (1:15).

En esta otra sinestesia el silencio se lo siente como sonido y como teniendo una cualidad cortante y transparente:

Oh, Maga, en cada mujer parecida a vos se agolpaba como
un *silencio ensordecedor*, una *pausa filosa y cristalina* que
acababa por derrumbarse tristemente, como un paraguas
mojado que se cierra (1:15 y 16).

Tenemos el caso contrario: en vez del silencio estar
relacionado con el sonido, es el sonido el que se siente
como silencio:

Para mí el mundo está lleno de *voces silenciosas* (102:520).

En esta otra el sonido está asociado con el olor;
también con una condición mental:

Desde el otro lado de los portales venía un *ronquido* como
de *ajo y coliflor* y *olvido barato* (36:246).

Por medio de la sinestesia se nos da una descripción
de la vida y de la actitud de los pobres y miserables:
el olor del ronquido declara su pobreza, y el «olvido
barato» alude a su indiferencia de las realidades.
En el ejemplo siguiente el sonido está asociado con
el color.

Se oyó un click y después *un zumbido que parecía azul* en
la penumbra del pasillo. ... A esa hora quién podía...
Click, el paso del primer piso, el *zumbido azul* (54:370).

El azul parecería referirse al color de la luz que sin
duda alumbraba el montecargas. El «zumbido», al ponerse en movimiento el montecargas, hacía recordar la
luz azulada.
El sonido relacionado con una sensación táctil:

... con el vino y la *voz pegajosa* se estaba poniendo sen-
timental (36:248).

En este otro caso, con una sensación visual:

... una *corneta* se desgajó del resto y dejó caer las dos primeras *notas* del tema, apoyándose en ellas como en un *trampolín* (10:55).

También cuando el sonido va asociado con elementos visuales de la naturaleza. Veamos los ejemplos siguientes:

> Como siempre le atraían las manos de las mujeres, ... sospechar quiromámticamente líneas nefastas y montes propicios, oír el *fragor de la luna* apoyando contra su oreja la palma de una pequeña mano un poco húmeda por el amor o por una taza de té (76:446).

La sensación de «fragor», de estruendo, está sugerida por la intensidad de la luz de la luna. El tono ambiental del pensamiento es mediumínico.

En la sinestesia que sigue, son los planetas los que están asociados con una sensación de sonido. También las estrellas están asociadas a cualidades irracionales, de contorno y lentitud:

> ... el vientre de Pola un cielo negro con *estrellas gordas* y *pausadas*, cometas fulgurantes, rodar de inmensos *planetas vociferantes* (103:521).

Se representa así los ruidos que producía la fermentación de los alimentos en el cuerpo de Pola.

Veamos estos dos ejemplos de sensaciones asociadas con elementos de la naturaleza:

> Las palomas dialogaban esponjándose a la espera del primer *sol blando* y sin fuerza, la *pálida sémola de las ocho y media* que baja de un cielo aplastado (36:245).

La cualidad fantástica atribuida al sol es tactil. La materialización de la luz está expresada, por aposición, por la asociación del sol con la «pálida sémola».

En el ejemplo que sigue, el aire está asociado con una forma hecha visible, la de la esfericidad de la pecera:

> Todas las peceras al sol, y como suspendidos en el aire cientos de peces rosa y negro, pájaros quietos en su *aire redondo* (8:49).

Consideremos este otro caso de sinestesia, muy plástico, en que la penetrabilidad de la mirada se materializa por la asociación con un objeto concreto:

> Horacio ni siquiera se fijaría, *lo mira a uno* como un *puré* que pasa por el colador, *una pasta* zás que sale por el otro lado (47:332).

Talita quiere decir con esto que cuando Horacio mira a uno, lo que está mirando realmente es algo más allá de la persona misma.

Generalmente la Maga experimenta una sensación de color cuando sufre por su inferioridad intelectual. Veamos este caso, cuando las palabras le resultan incomprensibles:

> La Maga veía nacer de las palabras un resplandeciente Deyrolles, un Bisière, pero ya Gregorovius hablaba de la inutilidad de una ontología empírica ... *ontología empírica, azules* como de humo, *rosas,* empírica, un *amarillo pálido,* un *hueco* donde temblaban *chispas blanquecinas* (26:159).

Además, la palabra «empírica» la produce una sensación de oquedad fosforescente.

En este otro ejemplo es su ignorancia la que la Maga asocia con una sensación de color:

> '*Es tan violeta ser ignorante',* pensó la Maga, resentida. Cada vez que alguien se escandalizaba de sus preguntas, *una sen-*

sensación violeta, una *masa violeta* envolviéndola por un momento. Había que respirar profundamente y el violeta se deshacía ... se dividía en multitud de *rombos violetas* (25: 157).

La sinestesia puede darse en forma descriptiva. He aquí una encuadrada en una imagen cinematográfica, en que la luz está asociada con la sensación de un líquido:

Wong y Gregorovius se detuvieron bajo el *farol (y parecían estar tomando una ducha juntos),* saludándose con cierta solemnidad (9:54).

En la imagen siguiente las sinestesias están referidas al tiempo, en una asociación con sensaciones de tacto y vista:

... si en esa vertiginosa rayuela, en esa carrera de bolsados yo me reconocía y me nombraba, por fin y hasta cuando salido del *tiempo* y sus *jaulas* con *monos* y *etiquetas* ... *marcando* las horas y los minutos de las sacrosantas obligacione castradoras (21:115).

Por medio de las sinestesias se logra el efecto de concebir el tiempo como algo restringido (jaulas) y que se repite mecánicamente (monos) y formulariamente (etiquetas).

En el ejemplo que sigue el tiempo se materializa comparándose con objetos:

Era el tiempo delicuescente, algo como *chocolate* muy fino o *pasta de naranja* martiniquesa, en que nos emborrachábamos de metáforas y analogías (8:50).

Consideremos el siguiente grupo de imágenes sinestésicas, que Oliveira emplea para caracterizar a la Maga:

Como no sabías disimular me di cuenta en seguida de que para verte como yo quería era necesario empezar por cerrar los ojos, y entonces primero cosas como *estrellas amarillas* (moviéndose en una *jalea de terciopelo*), luego *saltos rojos de humor y de las horas*, ingreso paulatino en un mundo-Maga que era la torpeza y la confusión pero también *helechos* (1:18).

Horacio ve a la Maga asociada a sensaciones de luz y de color: «estrellas amarillas». Estas sensaciones las experimenta dentro de otra sinestesia, «jalea de terciopelo», la cual relaciona una sensación gustativa y transparente a otra, de tacto. De esta manera asocia «la torpeza y la confusión» del «mundo-Maga» («saltos») con la sensibilidad chispeante de su genio («rojos de humor») y con la incongruencia trágica de su empleo del tiempo del vivir diario («rojos de las horas»). La sinestesia final de esta selección, muestra que el mundo-Maga, a pesar de su torpeza y confusión tiene también el primitivismo, la frescura, la espontaneidad y la naturalidad de los helechos.

Analicemos, como último ejemplo de sinestesia, éste de tono poético:

Nos besamos como si tuviéramos la *boca* llena de *flores* o *peces*, de *movimientos vivos*, de *fragancia oscura*. Y si nos mordemos el *dolor es dulce*, y si nos ahogamos en un breve y terrible absorber simultáneo del aliento, esa instantánea muerte es bella. Y hay una sola *saliva* y un solo *sabor* a *fruta madura*, y yo te siento temblar contra mí como una *luna en el agua* (7:48).

En las primeras imágenes hay un encabalgamiento de sensaciones irracionales de efecto sinestésico asociadas con la boca: el color y perfume de las flores, que sin duda sugiere la de fosforescencia (color y luz) de los peces, que a su vez sugiere «movimientos vivos», y de «fragancia oscura», imagen ésta puramente sinestésica, en la cual se asocia lo abstracto («fragancia») a una sensación que puede ser considerada o subjetivamente por sugerir lo indescifrable, u objetivamente por sus efectos de luz o color. Hay otra sinestesia, «dolor dulce», en la cual lo abstracto, «dolor», está asociado con el sabor, «dulce». La imagen más racional y de corte tradicional es la de la saliva con sabor a «fruta madura», implicando lo jugoso y sabroso del beso de amor. La imagen final es exquisitamente lírica, también con efectos sinestésicos: el temblor del amor de ella se le asemeja a él a la sensación visual que produce el movimiento de la luna sobre el agua mecida por el viento.

METÁFORAS:

Refirámos ahora a las metáforas de *Rayuela*, incluyendo los símiles o metáforas explícitas. Consideremos primeramente, el siguiente ejemplo dado en el mismo comienzo de la novela, el cual está formado por varias imágenes alusivas a una idea simbólica de sensibilidad existencialista:

...y aquella tarde cayó un chaparrón y vos quisiste abrir orgullosa tu paraguas cuando entrábamos en el parque, y en tu mano se armó una catástrofe de *relámpagos fríos* y nubes negras, jirones de tela destrozada cayendo entre cestellos de varillas desencajadas ..., entonces yo lo arrollé lo mejor posible ... y desde allí lo tiré ... al fondo del barranco de césped mojado. ...Y en el fondo del barranco se hundió *como un barco que sucumbe al agua verde*, al agua verde y procelosa. ... Y quedó entre el pasto, *mínimo y negro, como un insecto pisoteado*. Y no se movía, ninguno de sus resortes se estiraba como antes. Terminado. Se acabó. Oh, Maga, y no estábamos contentos (1:16):

El derrumbamiento del paraguas, su hundimiento en el fondo del barranco y su destrucción final son descritos metafóricamente. Es evidente que todas las imágenes alrededor del paraguas contribuyen al significado metafórico-simbólico de la muerte, especialmente las imágenes finales: «un barco que sucumbe al agua verde» («césped mojado») «mínimo y negro como un insecto pisoteado». La sinestesia «relámpagos fríos» parece sugerir una vida que se apaga, se enfría. La imagen de la muerte del hombre existencial está dada explícitamente al personalizarse el paraguas deshecho: «no se movía, ninguno de sus resortes se estiraba como antes». Oliveira y la Maga experimentan la sensación de vacío y desamparo que produce la muerte: «Terminado. Se acabó. Oh, Maga, y no estábamos contentos».

Pasemos a estas otras metáforas, también muy expresivas:

> Increíble, parecía que cuando él se junta con nosotros hay paredes que se caen, montones de cosas que se van al quinto demonio, y de golpe el cielo se pone fabulosamente hermoso, las estrellas se meten er esa panera, uno podría pelarlas y comérselas, ese pato es propiamente cl cisne de Lohengrin, y detrás, detrás... (44:318).

Traveler, para referirse a la irresistible e inexplicable influencia que ejerce Horacio cuando aparece entre él y Talita, lo hace metafóricamente. Los efectos extraordinarios son vistos como fenómenos maravillosos. Con «las paredes que se caen» y los «montones de cosas que se van al quinto demonio» parece significar que la presencia de Horacio les hace perder a él y a Talita su intimidad y su libertad. «El cielo fabulosamente hermoso», de repente, sin duda está refiriéndose a la fácil reconciliación en que natural e inevitablemente entran ellos de continuo con Horacio, lo cual hace que lo traten así como «las estrellas se meten en esa panera, uno podría pelarlas y comérselas», con toda familiaridad y confianza. Traveler se refiere al pato con intención metafórica un tanto sarcástica: en la imagen figurada él quiere decir que el pato, bien adobado y horneado trasciende con su fragancia más allá del departamento de los Traveler y trae tentadoramente a Horacio, como un Lohengrin, a visitar a Talita.

También Talita se refiere a esta misma experiencia metafóricamente usando la imagen de animales:

> Si querés que te diga la verdad ... tengo la impresión de que estamos criando arañas o ciempiés. Las cuidamos, las atendemos, y van creciendo, al principio eran unos bichitos de nada, casi lindos, con tantas patas, y de golpe han crecido, te saltan a la cara (45:323).

Talita recurre a las arañas o ciempiés para referirse a la experiencia suya y de su esposo con Horacio; experiencia de carácter existencial, propia de una condición mental y emocional de la criatura humana.

En el caso siguiente tenemos otro caso de una metáfora simbólica. El acto sexual está simbolizado por una trompeta y su movimiento rítmico. Su efecto es trascendente, con implicaciones metafísicas:

> Por más que le gustara el jazz Oliveira nunca entraría en el juego como Ronald, para él sería bueno o malo ... nunca el jazz, nunca eso que ahora eran Satchmo, Ronald y Babs ..., y después la llamarada de la trompeta, el falo amarillo rompiendo el aire y gozando con avances y retrocesos y hacia el final tres notas ascendentes, hipnóticamente de oro puro, una perfecta pausa donde todo el swing del mundo palpitaba en un instante intolerable, y entonces la eyaculación de un sobreagudo resbalando y cayendo como un cohete en la noche sexual, ... y el silencio que había en toda música ver-

dadera se desarrimaba lentamente de las paredes, salía de debajo del diván, se despegaba como labios o capullos (13: 67 y 68).

Para Oliveira nunca el jazz sería eso que era para los demás, nunca eso que ahora era sólo una música de blues, sino «todo el swing del mundo» que «palpitaba en un instante intolerable», la vibración de todo lo existente «...en la noche sexual», del alma, en esa fusión existencial, indescriptiblemente íntima y misteriosa del individuo con algo que apenas puede tocar inconscientemente en el instante de la reconciliación de su ser. El silencio de la música está asociado sinestésicamente con una sensación tactil y visual: «se desarrimaba lentamente de las paredes», «salía de debajo del diván», «se despegaba como labios o capullos». El sonido de la trompeta se lo asocia con una sensación de calor y de luz, «llamarada», y con una sensación visual y de color «falo amarillo». Las notas musicales se las refiere mágicamente al «oro puro».

Veamos las siguientes imágenes, en símiles de tono lírico:

Oí, esto sólo para vos ... Maga, el molde hueco era yo, vos temblabas, pura y libre como una llama, como un río de mercurio, como el primer canto de un pájaro cuando rompe el alba, y es dulce decírtelo (34:232).

La caracterización de la Maga está dada por símiles cuyos elementos analógicos son de valor mágico: «llama», «río de mercurio», «canto de un pájaro».

Esta otra caracterización de la Maga, Horacio la hace por medio de encabalgamientos de símiles poéticos:

... un mundo donde te movías como un caballo de ajedrez que se moviera como una torre que se moviera como un alfil (1:18).

El tablero representa metafóricamente al mundo Maga. Las piezas son metáforas de la Maga, a quien Horacio ve moviéndose en su mundo, en todas las direcciones alocadamente y sin orden. En el ejemplo que sigue, las metáforas descriptivas de la Maga se dan apositivamente. Horacio la reseña de este modo:

> Feliz de ella que estaba dentro de la pieza, que tenía derecho de ciudad en todo lo que tocaba y convivía, pez río abajo, hoja en el árbol, nube en el cielo, imagen en el poema. Pez, hoja, nube, imagen: exactamente eso (3:35)..

Los términos metafóricos, «pez, hoja, nube, imagen», dados según un orden gradual de valores sugieren que la Maga es libre, es el pez río abajo, liviana como la hoja en el árbol, fugaz como la nube en el espacio, intuitiva como la imágen en el poema.

Consideremos estas otras imágenes poéticas:

> Pola fue viniendo como el sol en la ventana. ... Entraba de a poco, quitándome la sombra, y Horacio se iba quemando como en la cubierta del barco, se tostaba, era tan feliz (27:164).

Tres elementos metafóricos: sol, sombra y barco, contribuyen a la representación del efecto de Pola sobre Horacio. La Maga siente a Pola como un sol que le quitaba la sombra que era la compañía de Horacio para ella, y Horacio se entregaba al calor de ese sol que era Pola, felizmente, como lo sugiere el ambiente en la cubierta del barco: libre y sin testigos.

Pasemos ahora a ejemplos de imágenes de carácter fabuloso. He aquí como Oliveira se imagina a la Maga:

> Allí donde esté tiene el pelo ardiendo como una torre y me quema desde lejos, me hace pedazos nada más que con su ausencia (33:225).

El pelo de la Maga (el término literal) le hace a Oliveira la impresión de una torre ardiente. La imagen significa que a despecho de la ausencia de la Maga, su pelo continúa ejerciendo su efecto en él; es como una llamarada tan alta que alcanza a levantar en Horacio ardorosas nostalgias de amor, que lo dejan quebrantado.

En este otro ejemplo las imágenes fabulosas están referidas a un amor de tipo existencial:

> La Maga sufría de verdad cuando regresaba a sus recuerdos y a todo lo que oscuramente necesitaba pensar y no podía pensar, entonces había que besarla profundamente, incitarla a nuevos juegos, ... y la otra, la reconciliada, crecía debajo de él y lo arrebataba, se daba entonces como una bestia frenética, los ojos perdidos y las manos torcidas hacia adentro, mítica y atroz como un estatua rodando por una montaña, arrancando el tiempo con las uñas (5:43).

El término metafórico de carácter fabuloso es una estatua que se descuelga dando vueltas por una montaña y que arranca el tiempo con las uñas. Oliveira siente a la Maga como una figura mítica, como una estatua imbuida de poderes sobrenaturales rodando hacia el abismo; «como si la Maga esperara de él la muerte, algo en ella que no era su yo despierto, una oscura forma reclamando un aniquilamiento» (5:44). Y esa figura «mítica y atroz» trata furiosamente de detener el tiempo, porque es la única manera de prolongar la fusión reconciliadora de los dos.

La Imagen sugerida por una sensación física concomitante:

> Después se puso a caminar despacio, con el cuello de la canadiense abotonado contra el mentón; como siempre, la piel del cuello olía horrendamente a podrido, a curtiembre. No pensaba en nada, se sentía caminar como si hubiera estado

mirando un gran perro negro bajo la lluvia, algo de patas
pesadas, de lanas colgantes y apelmazadas (23:149).

La imagen está sugerida por el olor de la piel del cuello
del abrigo que olía a animal cada vez que se mojaba.
Oliveira tiene la impresión de verse a sí mismo, al caminar bajo la lluvia, como un «perro negro ... patas pesadas ... lanas colgantes y apelmazadas».
Metáforas referidas a la Berthe Trépat:

Trépat miró una vez más al público, ... la boca como una
guinda violentamente bermellón se dilató hasta tomar la
forma de una barca egipcia. Otra vez de perfil, su menuda
nariz de pico de loro consideró por un momento el teclado
mientras las manos se posaban del do al si como dos bolsitas de gamuza ajada (23:127).

Los términos metafóricos, guinda, barca egipcia, pico
de loro, bolsitas de gamuza ajada, referidas a la boca,
a la dimensión y forma de la boca, a la nariz y a las
manos, sirven para caracterizar a la Trépat sentada al
piano para comenzar su concierto.
Veamos el siguiente símil, muy expresivo y plástico:

... y aún ahora, acodado en el puente, viendo pasar una
pinaza color borravino, hermosísima como una gran cucaracha reluciente de limpieza (1:17).

A Oliveira la pinaza le da la impresión de una cucaracha.
Parecería haber un contraste irónico entre los elementos
analógicos del símil: el tamaño y la apariencia de la cucaracha se encarecen con respecto a la pequeñez y el
color pulcrativo de la pinaza.
Veamos estas metáforas en que las cosas sufren una
metamorfosis según sean vistas por los personajes de la
novela. Horacio dice, refiriéndose a las novelas que lee
la Maga:

Pensar que se ha pasado horas enteras devorando esta sopa
fría y desabrida (34:227).

Una alusión, sin duda, a la literatura-hembra, a la novela
rollo que condena Morelli.
    Ronald, refiriéndose al Club dice, usando una imágen
muy plástica:

> Se acabó el Club, Babs, es seguro ... El Club ha saltado esta
> noche como un panqueque que llega al techo y se queda pe-
> gado. Podés guardar la sartén, Babs, no va a bajar más
> (35:234).

El panqueque, término metafórico, es el vehículo extraño y a la vez vulgar que Ronald emplea para referirse
a la terminación repentina y definitiva del Club.
    Hay en la novela varias imágenes de París. Gregoro-
vius y Oliveira se refieren a París como «una enorme
metáfora» (26:159 y 31:215). He aquí ésta:

> La sombra de una paloma roza un excremento de perro:
> París (113:540).

París es eso: la presencia de lo puro y lo sucio; pero lo
puro sólo como una sombra que accidentalmente nos
oculta lo sucio.
    También esta otra, en la cual París está representada
por medio de una metáfora simbólica, en el dibujo de la
alfombra del relato que Gregorovius la hace a la Maga
de cuando él era niño, para explicarle por qué París es
una metáfora:

> Una de las alfombras representaba el plano de la ciudad de
> Offir, según ha llegado al occidente por vías de la fábula. De
> rodillas yo empujaba una pelota amarilla con la nariz o con
> las manos, siguiendo el curso del río Shan-Ten, atravesaba
> las murallas guardadas por guerreros negros armados de

KATHLEEN GENOVER

lanzas, y después de muchísimos peligros y de darme con la cabeza en las patas de la mesa de caoba que ocupaba el centro de la alfombra, llegaba a los aposentos de la reina de Saba y me quedaba dormido como una oruga sobre la representación de un triclinio. Sí, París es una metáfora (26:162).

Es interesante observar este tipo de metáfora dada por el dibujo de la alfombra. Hay tres planos en el relato: el real o concreto dado por la alfombra, la mesa, la pelota; el imaginario, por la ciudad fábula del dibujo que el niño convierte al jugar en algo real; y el plano metafórico-simbólico, referido a París. Y aún hay otro plano: el de la alfombra en que la Maga está tirada. Gregorovius le dice a la Maga:

—Ahora que lo pienso, también usted está tirada sobre una alfombra. ¿Qué representa su dibujo?
—Está tan mugriento que no le queda dibujo—dijo la Maga.

Como París (representada en el dibujo de la alfombra del cuento por una ciudad fabulosa), «también» la Maga «está tirada sobre una alfombra», mugrienta, formando con ella un dibujo, metafórico-simbólico de su vida: su vida sucia.

Del mismo modo tenemos a la ciudad de Buenos Aires representada por una metáfora, según se la describe irónicamente Traveler a Oliveira:

No sentís como nosotros a la ciudad como una enorme panza que oscila lentamente bajo el cielo, un araña enormísima con las patas en San Vicente, en Burzaco, en Sarandí, en el Palomar, y las otras metidas en el agua, pobre bestia, con lo sucio que es ese río (40:269).

Consideremos el siguiente ejemplo en que lo abstracto aparece en forma concreta o materializable:

Cuántas palabras, cuántas nomenclaturas para un mismo desconcierto. A veces me convenzo de que la estupidez se llama triángulo, de que ocho por ocho es la locura o un perro (2:28).

Tenemos dos metáforas: una con un término metafórico, la otra con dos. En la primera, el término literal es abstracto («estupidez») y el término metafórico es visual y concreto («triángulo»). En la segunda metáfora, el término literal es también abstracto (un cálculo aritmético: «ocho por ocho»), y los dos términos metafóricos son: uno abstracto («locura») y otro concreto («perro»). Estas imágenes parecerían significar que tanto lo que aparece como perfecto como lo que convence por lo exacto; no es más que parte de ese mismo falso orden, de ese «mismo desconcierto» en el cual los nombres y las palabras no explican lo que es la existencia del hombre. Esto conduce a Oliveira a sentir desprecio por todo lo que se hace en ese mundo absurdo.

En la imagen que sigue, de una experiencia rigurosamente existencial, Horacio se ve a sí mismo cuando hace el amor a la Maga, trascendentemente en otro plano; sus besos

eran como ojos que empezaban a abrirse más allá de ella, y que yo andaba salido, volcado en otra figura del mundo, piloto vertiginoso en una proa negra que cortaba el agua del tiempo (2:27).

Horacio siente su experiencia existencial fabulosamente. Ya no era él sino una figura cósmica, apositivamente representada por un piloto extraordinario cuya embarcación está fuera del espacio y del tiempo («cortaba el agua del tiempo»). La destrucción del tiempo está dada por medio de la cualidad fantástica de una imagen sinestésica: el tiempo asociado al agua.

Veamos esta otra metáfora, también de sentido existencial y referida al tiempo:

> ... y el tiempo soplaba contra nuestras caras una lenta lluvia
> de renuncias y despedidas y tickets de metro (1:17).

El pasar inexorable del tiempo está representado por una lluvia de renuncias y despedidas. Eso es el tiempo, un dejar atrás la existencia en constantes deserciones y agures. Y agrega: «tickets de metro», que viene a ser la imagen más objetiva para representar el pensamiento que se quiere expresar: el tiempo volando y desapareciendo como esos pequeños boletos de transporte que ya han cumplido su destino y los dejamos caer al azar según andamos.

Y esta otra imagen del tiempo, del mismo tenor que la anterior:

> Pero como de costumbre había pagado por ese contento insensato. Ahora empezaría a reprochárselo, a desmontarlo poco a poco hasta que no quedara más que lo de siempre, un agujero donde soplaba el tiempo, un continuo impreciso sin bordes definidos (23:149).

El excesivo y extremado análisis que Oliveira hace de todo destruye su sentimiento de felicidad y de satisfacción, quedando sólo un tiempo vacío.

Consideremos la imagen siguiente, de sensibilidad existencialista, referida a una araña como vehículo de la imagen literal:

> Mirá ..., es increíble cómo se puede ser de canalla. ¿Qué pensaba Cristo en la cama antes de dormirse, che? De golpe, en la mitad de una sonrisa la boca se te convierte en una araña peluda (15:73).

Por medio de una sensación de efecto sinestésico, la de una araña peluda en la boca, se nos representa la condición del hombre existencial en un enredo de pelos y patas (palabras, hábitos), mordiéndose venenosamente unos a otros, devorándose. Se deduce de la implicación que así debe habernos estado pensando Cristo.

En los dos ejemplos a continuación, la intención existencialista de la imagen literal se refiere al libre albedrío:

> Horacio es tan sensible, se mueve con tanta dificultad en París. El cree que hace lo que quiere, que es muy libre aquí, pero se anda golpeando contra las paredes (24:153).

> Conseguir que el tomador de brebajes pampeanos accediera a revelar el orden de su deambular. En el peor de los casos que lo inventara en el momento; después le sería difícil escapar de su propia tela de araña (31:214).

Horacio, como un símbolo del hombre existencial no puede escapar de su propio destino. Se encuentra a sí mismo o confinado detrás de las paredes de su condición existencial o enredado en un cúmulo de circunstancias de las cuales no puede desligarse; es decir, o «se anda golpeando contra las paredes» o está entrampado «en su propia tela de araña».

En este otro ejemplo, Horacio Oliveira emplea una vieja metáfora para expresar el sentimiento de frustración que le produce el no poderse comunicar por medio de la palabra:

> Oh, las explicaciones, vos sabés ... Todo es muy confuso hermano. ... No es eso, pero lo que yo quisiera decir es justamente indecible. Hay que dar vueltas alrededor como un perro buscándose la cola (31:216).

Veamos estas otras imágenes en las cuales Oliveira se define a sí mismo con cosas inconcretas, insignifican-

246 KATHLEEN GENOVER

tes, evanescentes: «sombras», «polillas», «anillos torna-
solados de petróleo», que explican su incomunicación de
los demás del grupo:

> ¿Para qué nos vamos a engañar? No se puede vivir cerca de
> un titiritero de sombras, de un domador de polillas. No se
> puede aceptar a un tipo que se pasa el día dibujando con
> los anillos tornasolados que hace el petróleo en el agua del
> Sena. Yo con mis candados y mis llaves de aire, yo, que
> escribo con humo (31:217).

La incomunicación paradójica de las relaciones amorosas entre Horacio y la Maga son representadas por
imágenes de fenómenos inevitablemente asociados y que
al mismo tiempo se repelen:

> Y por esas cosas yo me sentía antagónicamente cerca de la
> Maga, nos queríamos en una dialéctica de imán y limadura,
> de ataque y defensa, de pelota y pared (2:26).

También la falta de comunicación profunda en las
relaciones humanas, está representada metafóricamente:

> Los conceptos en la acción y la raza y el oficio y la cama y
> la cancha, eran contactos de ramas y hojas que se entrecru-
> zan y acarician de árbol a árbol mientras los troncos alzan
> desdeñosos sus paralelas inconciliables (22:120).

CONCLUSION

El propósito fundamental de la novela *Rayuela* es, como lo expresa su autor, plantear «en términos de novela lo que otros, los filósofos, se plantean en términos metafísicos. Es decir, las interrogantes, las grandes preguntas. ... Paralelamente buscar una especie de crítica del lenguaje y de crítica de la novela como vehículo de esas ideas».[1] Estos dos propósitos señalados por el autor hemos visto que se corresponden inseparablemente en la novela al tratar con los problemas existenciales de la condición del hombre y su destino y con la preocupación, también de carácter existencial, de un lenguaje y una literatura falseados y viciados y, por lo tanto, ineficientes para transmitir las ideas y establecer una verdadera comunicación.

La novela *Rayuela* presenta tal vastedad de asuntos, ideas, estilos, épocas, informaciones, referencias, autores, que da una impresión caótica. Sin embargo, pare-

---

[1] García Flores, «Siete respuestas», pág. 11.

cería que ello fuera simbólico del múltiple y complejo perspectivismo de la novela y, más que nada, de la confusión del hombre actual. Porque en *Rayuela* es este hombre del momento, frustrado, desilusionado y desorientado el que constituye el principal motivo del libro. De aquí que en la novela se toca todo: «cinco mil años de fracasos amontonados» y, particularmente, el modo inauténtico de la vida del hombre contemporáneo.

El protagonista Horacio Oliveira, como símbolo de este hombre del momento, denuncia los falsos sistemas de ideas que han venido dirigiendo al hombre y enjuicia el lenguaje que usamos y la literatura, como grandes responsables de ello. Jamás en la novelística española se ha delarado la condición del hombre y del mundo con la franqueza brutal que se hace en *Rayuela*. No hay disimulos de ninguna clase: la novela se refiere a los hombre como ellos son en lo más íntimo de sus pobres vidas, desmontando bufonamente su falsa soberanía hasta hacerlos enrojecer de vergüenza (41:275). Esta cruda sinceridad necesitaba un estilo especial, el estilo que ya se venía gestando en el autor: «Busqué mi propio estilo. En los Reyes me despedí lujosamente de un lenguaje estetizante, que me hubiera ahogado en terciopelo y pluscuamperfectos. ... Traté de narrar sin adornos».[2]

Es evidente que *Rayuela* está situada en el cauce de toda una tradición existencialista y que Horacio Oliveira, su protagonista, se identifica con el hombre sensible de todos los tiempos, sintiendo esa preocupación constante por la solución del misterio primordial de la vida y del modo de ser de la criatura humana. Pero en especial, Oliveira es el más fiel exponente del hombre contemporáneo, ahito de intelectualidad y asqueado de las expli-

---

2 Schneider, «Cortázar», pág. 24.

caciones. Oliveira refleja este mismo sentir y de aquí su actitud: renuncia al intelectualismo y al racionalismo y repudia todos los sistemas y los valores morales de la civilización actual, como «seudo realizaciones, la gran máscara podrida de Occidente» (125:560). En un intento desesperado, Oliveira se ase de lo único que queda: una posibilidad; una posibilidad que es una búsqueda; traduciendo de este modo, exactamente, el estado de ánimo y la experiencia existencial del hombre de posguerra, pasada la década de su intensa amargura. En ese acerbo y desesperanzado momento histórico, el hombre parece reflexionar: No sé quién soy, ni a dónde voy, ni lo que quiero; pero tiene que haber algo diferente, la cosa no puede ser así. La búsqueda angustiosa de Oliveira en el mundo de la ficción, refleja vívidamente la inquietud que se observa en los espíritus en el mundo real, y que se traduce en actitudes múltiples, exóticas y extravagantes. Pues el hombre actual, parece decirnos *Rayuela*, es un ser destrozado, que vaga a la deriva en un círculo de ideas envejecidas, deambulando en tanteos zigzagueantes sin seguridad ni orientación. Para él el mundo sigue siendo «algo petrificado y establecido, un juego de elementos girando en sus goznes, una madeja de calles y árboles y nombres y meses» (2:26).

En *Rayuela*, la respuesta a las grandes preguntas viene como en una cápsula metafísica: en el símbolo de una búsqueda. Pero búsqueda de qué. «¿Qué se busca? ¿Qué se busca?» se pregunta Oliveira (125:561). Pero está convencido que «había el acceso por las ilusiones a un plano, a una zona inimaginable» (12:65) fundada en algo como «una sospecha de paraíso recobrable: No puede ser que estemos aquí para no poder ser» (18:92). «Se puede matar todo menos la nostalgia del reino» (71: 436). «Lo que pasa es que me obstino en la inaudita idea de que el hombre ha sido creado para otra cosa» (15:73). Cortázar, refiriéndose a Oliveira dice:

> El personaje de *Rayuela* ... es un hombre que no acepta el punto de la civilización al que él ha llegado, de la civilización judeo-cristiana; no la acepta en bloque. El tiene la impresión de que hay una especie de equivocación en alguna parte y que habría que, o bien desandar caminos para volver a partir con posibilidades de no equivocarse, o bien llegar a una especie de explosión total para, allí, iniciarse en otro camino[3].

El existencialismo de la novela se nos revela especialmente en los temas existencialistas que hemos estudiado. Estos temas muestran el corolario del propósito de la novela: en lo existencial, el buscar un nuevo orden de vida que nos devuelva a la esencialidad perdida; en el lenguaje y la literatura, un medio de expresión capaz de denunciar el orden falso y caduco e instalar uno nuevo, un lenguaje que pueda interpretar «estas nuevas y extrañas realidades».

El estilo de la novela está basado mayormente en las imágenes y los símbolos. *Rayuela* es una novela metafórica y simbólica: En lo metafórico, *Rayuela* es una rayuela de principio a fin; en lo simbólico, en la rayuela encuentran significado casi todos los símbolos de la obra. De las imágenes, es la sinestesia, como vimos, la que por sus cualidades y sensaciones fantásticas y extraordinarias refleja más la subjetividad existencialista. Las metáforas contienen especialmente una alusión mágica y trascendente, como hemos visto en los ejemplos estudiados. De modo, pues, que tanto las imágenes como los símbolos crean, encarecen y sostienen la sensibilidad existencialista de todo el libro. Por supuesto, que siendo que la

---

3 García Flores, «Respuestas», pág. 11.

estructura y la organización del libro responden al simbolismo inicial del título de la novela, es claro que contribuyen también a la sensibilidad existencialista de la obra.

Concluimos: El significado del existencialismo de la
novela está básicamente referido a la búsqueda del hombre de algo que lo rescate y lo encamine de nuevo en
este momento crucial de su peregrinación existencial,
la de esta hora babilónica del mundo. Sólo que ahora
las soluciones cambian. *Rayuela* no explica nada; *Rayuela*
es una denuncia, como está implicado simbólicamente
cuando Oliveira le dice a Traveler: «Yo tampoco te odio,
hermano, pero te denuncio, y eso es lo que vos llamás
acorralar» (56:394). Tampoco en *Rayuela* se da una fórmula para resolver los problemas del hombre, como ha
tratado de hacerse hasta aquí. El hombre está harto de
explicaciones y de reglas. Por lo tanto, Oliveira, que es
este hombre, odia las explicaciones. Le dice a Traveler:
«Vos que adorás las explicaciones como todo hijo de
los cinco mil años» (56:401). *Rayuela* no ofrece, como
dice su autor, «una contestación, pero sí una incitación»[4].
Toda *Rayuela* se da en una búsqueda: se sospecha un
futuro y por lo tanto se busca un mundo mejor. Se trata
de una nueva metafísica, no la de un espíritu puro sino
de una «metafísica de la esperanza».

Al llegar al término de nuestro estudio de *Rayuela*
como novela existencialista, esperamos haber contribui-
do a una mejor comprensión de esta obra.

---

[4] García Flores, «Respuestas», pág. 12.

BIBLIOGRAFIA

OBRAS DE JULIO CORTAZAR

CUENTOS, NOVELAS Y POESIAS [1]

CORTÁZAR, Julio: *Presencia* (un librito de sonetos), pseud. Julio Denis (1938).

— *Los reyes* (poema dramático en prosa dialogada). Buenos Aires: Gulad y Aldabahor, 1949. 75 p.

— *Bestiario* (cuentos). Buenos Aires: Editorial Sudamericana, 1951. 165 p.

— «Maracio» (poema), *Sur*, núm. 195-196 (enero-febrero, 1951), 24-27.

— Final del juego (cuentos). México: *Los Presente*, 1956. 151 p.

— *Las armas secretas* (cuentos). Buenos Aires: Editorial Sudamericana, 1959. 231 p.

— *Los premios* (novela). Buenos Aires: Editorial Sudamericana, 1960. 428 p.

— Poemas: «El poeta», «Cartel», «Los dioses», «El sueño», «La ciudad», «El huésped», «La abuela», «A una virgen», «Ultimo círculo», «Quartier», «Crónica para César», «Voz de María», «Juana ante su señor», *Cuadernos del viento, revista de literatura*, núm. 17 (diciembre, 1961), 164-267.

— *Historias de cronopios y de famas* (cuentos). Buenos Aires: Ediciones Minotauro, 1962. 155 p.

---

[1] Organizado cronológicamente según la primera edición.

— *Rayuela* (novela). Buenos Aires: Editorial Sudamericana, 1963. 635 p.
— *Todos los fuegos al fuego* (cuentos). Buenos Aires: Editorial Sudamericana, 1966.
— *La vuelta al día en ochenta mundos* (cuentos). México: Editorial Siglo XXI, 1967.

ENSAYOS, RESEÑAS Y TRADUCCIONES

—· «La urna griega en la poesía de John Keats», *Revista de estudios clásicos, Universidad de Cuyo*, Argentina, II (1946), 49-61.
— «Muerte de Antonin Artaud» (a manera de epitafio por la muerte del escritor francés), *Sur*, núm. 163 (mayo, 1948), 80-82.
— «Reseña de Leopoldo Marechal, *Adan Buenosayres*», *Realidad, revista de ideas*, Año II, Vol. 5, núm. 14 (abril, 1948). 232-238.
— «Reseña de Graham Greene, *The Heart of the Matter*», *Realidad, revista de ideas*, Año III, Vol. 5, núm. 13 (enero-febrero, 1949), 107-112.
—· «Notas sobre la novela contemporánea». *Realidad, revista de ideas*, Año III, Vol. 3, núm. 8 (marzo-abril, 1948), 240-246.
— «Francois Porché: *Baudelaire-Historia de un alma*» (reseña y crítica), *Sur*, núm. 176 (junio, 1949), 70-74.
— «Un cadáver viviente,» *Realidad, revista de ideas*, Año III, Vol, 5, número 14 (mayo-junio, 1949), 349-350.
— «Octavio Paz: *Libertad bajo palabra*» (reseña y crítica), *Sur*, número 182 (diciembre, 1949), 93-95.
— «Irracionalismo y eficacia», *Realidad, revista de ideas*, Año III, Vol. 6, núm. 17-18 (septiembre-diciembre, 1949), 250-259.
— «Cyril Connolly: *La tumba sin sosiego*», trad. Ricardo Baeza (reseña y crítica), *Sur*, Año XVIII, núm. 184 (febrero, 1950), 61-63.
— «Victoria Ocampo: *Soledad sonora*» (reseña y crítica), *Sur*, Año XIX, núm. 192-194 (octubre-diciembre, 1950), 294-297.
— «Situación de la novela», *Cuadernos Americanos*, Año IX, Volumen LII, núm. 4 (julio-agosto, 1950), 223-243.
— Traducción de *Filosofía de la risa y del llanto* de Alfred Atern. Buenos Aires, 1950.
— «Gardel» (evocando la memoria del cantor argentino), *Sur*, número 223 (julio-agosto, 1953), 127-129.
— «Luis, enormísimo cronopio», *Buenos Aires literaria*, Año I, número 6 (marzo, 1953), 32-37.

— «Carlos Viola Soto, Periplo» (reseña), *Buenos Aires literaria*, Año II, núm. 15 (diciembre, 1953), 57-63.
— «Para una poética», *La Torre* (Revista General de la Universidad de Puerto Rico), Año II, núm. 7 (julio-septiembre, 1954), 121-138.
— Traducción de *Obras en prosa* de Edgar Allan Poe. 2 vols. Madrid: Ediciones de la Universidad de Puerto Rico, 1956.
— «Algunos aspectos del cuento», *Casa de las Américas*, Año II, número 15-16 (noviembre, 1962-febrero, 1963), 3-14.
— «Carta de Papa» (carta a Jorge Carnevale por su artículo «Cronopiaje». Firmado con el seudónimo de Jaco), *Cero*, núm. 3 (mayo, 1965), 37.

CARTAS

Una carta a Ana María Barrenechea, del 21 de octubre de 1963 (citada por Aníbal Ford), «Los últimos cuentos de Cortázar», *Nuevo Mundo*, núm. 5 (noviembre, 1966), 82, n.
A Francisco de la Maza, *Revista de la Universidad de México*, Año XXI, núm. 12 (agosto, 1967), 31.
A Roberto Fernández Retamar, «Casa de las Américas», Año VIII, número 45 (noviembre-diciembre, 1967), 5-12.

ENTREVISTAS CON JULIO CORTAZAR

Luis Mario Schneider: «Julio Cortázar», *Revista de la Universidad de México*, Año XVII, núm. 9 (mayo, 1963), 24-25.
Rubén Bareiro Saguier: «Entrevista a Julio Cortázar», *Alcor* (Paraguay), núm. 29 (marzo-abril, 1964), 2.
Luis Harss: «Julio Cortázar o la cachetada metafísica», *Los nuestros* (Buenos Aires, 1966) 252-300. También apareció en *Nuevo Mundo*, núm. 7 (enero, 1967).
Margarita García Flores: «Siete respuestas de Julio Cortázar», *Revista de la Universidad de México*, Año XXI, núm. 7 (marzo, 1967), 10-13.
Alicia D'Amico y Sara Facio: «Los juegos de Julio Cortázar», *La Nación* (junio 4, 1967), Sección 5,1.

COMENTARIOS CRITICOS SOBRE JULIO CORTAZAR Y SUS OBRAS

ALEGRÍA, Fernando: *Breve historia de la novela hispanoamericana*, 3.ª edición, México: Ediciones de Andrea, 1966. Sobre Julio Cortázar, págs. 247-248.

ARROYO, Justo: «Julio Córtazar y su *Rayuela*», *Lotería*, XI, 126 (mayo, 1966), 26-30.

ARRUFAT, Antón: Prólogo al libro *Cuentos* de Julio Cortázar, La Habana: Casa de las Américas, 1964.

BARNATÁN, Marcos R.: «Julio Cortázar, fantasma y escritor», *Papeles de Son Armadans*, Año XII, Vol. XLIV, núm. CXXXII (marzo, 1967), 351-359.

BARRENECHEA, Ana María: «La estructura de *Rayuela*, de Julio Cortázar,» *Litterae Hispanae et Lusitanae. Festschrift zum fünfzigjährigen Bestehen des Ibero-Amerikanischen Forschungsinstituts der Universität Hamburg* (Munich, 1968), 69-84.
— «*Rayuela*, una búsqueda a partir de cero», *Sur*, núm. 288 (mayo-junio, 1964), 69-73.

BENEDETTI, Mario: «Julio Cortázar, un narrador para los escritores cómplices», *Tiempos Modernos*, Vol. I, núm. 2 (abril, 1965), 16-19.

BLANCO AMOR, José: «Julio Cortázar», *Cuadernos Americanos*, Vol. CLX, núm. 5 (septiembre, 1967-octubre, 1968).

CAMPOS, Jorge: «*Rayuela*, de Julio Cortázar», *Insula*, núm. 250 (1967), 11.

CANCLINI, Néstor García: *Cortázar, una antropología poética*. Buenos Aires, 1968.

CASTILLO, Abelardo L.: «Las armas secretas; cuentos de Julio Cortázar», *El Grillo de Papel*, Vol. I, núm. 2 (enero, 1960), 19-20.

COPELAND, John G.: «Las imágenes de *Rayuela*», *Revista Iberoamericana*, Vol. XXXIII, núm. 63 (enero-junio, 1967), 85-104.

DURÁN, Manuel: «Julio Cortázar y su pequeño mundo de cronopios y famas», *Revista Iberoamericana*, Vol. XXXI, núm. 59 (enero-junio, 1965), 33-46.

DURAND, José: «Julio Cortázar; los cuentos del gigante», *Américas* (ed. esp.), Vol. XV, núm. 4 (abril, 1963), 39-43.

EDWARDS, Jorge: «*Rayuela*», *Anales de la Universidad de Chile*, Vol. CXXII, núm. 129 (1964), 229-232.

Figueroa, Esperanza: «Guía para el lector de *Rayuela*», *Revista Iberoamericana*, Vol. XXXII, núm. 62 (junio-diciembre, 1966), 261-266.

Flores, Angel: *The Literature of Spanish America*. 4 vols. New York: Las Américas Publishing Company, 1967. Sobre Julio Cortázar: Comentario crítico y bibliografía, Vol. 4, 676-680.

Fombona, Julieta: «Julio Cortázar: *Rayuela*», *Imagen*, núm. 4 (julio 1-15, 1967), 13-14.

Ford, Aníbal: «Los últimos cuentos de Cortázar», *Mundo Nuevo*, número 5 (noviembre, 1966), 81-84.

Fuentes, Carlos: «Rayuela, la novela como caja de Pandora», *Mundo Nuevo*, núm. 9 (marzo, 1967), 67-69.

Irby, James E.: «Cortázar's *Hopscotch* and Other Games», *Novel: A forum on fiction*, Vol. I, núm. 1 (1967), 64-70.

Lancelotti, Mario A.: «Julio Cortázar: *Final del juego*», *Sur*, número 291 (noviembre-diciembre, 1964), 87-89.

López Chuchurra, Osvaldo: «...Sobre Julio Cortázar», *Cuadernos Hispanoamericanos*, núm. 211 (julio, 1967), 5-30.

MacAdam, Alfred J.: «Cortázar 'novelista'», *Mundo Nuevo*, núm. 18 (diciembre, 1967), 38-42.

Martínez, Tomás Eloy: «La Argentina que despierta lejos», *Primera Plana*, Vol. II, núm. 103 (octubre 27, 1964). 36-40.

Micha, René: «Le 'Je' et 'l'autre' chez Julio Cortázar», *La Nouvelle revue française*, 12 année, 140 (1er. août, 1964), 314-322.

Miguel, María Ester de: «Julio Cortázar. *Las armas secretas*», *Señales*, Vol. XI, núm. 114 (octubre, 1959), 17-18.

Monsiváis, Carlos: «Bienvenidos al universo de Cortázar», *Revista de la Universidad de México*, Vol. XXII, núm. 9 (mayo, 1968), 1-10.

Murena, H. A.: «Julio Cortázar: *Rayuela*», *Cuadernos*, núm. 79 (diciembre, 1963), 85-86.

Orphée, Elvira: «Julio Cortázar: *Las armas secretas*», *Sur*, número 265 (julio-agosto, 1960), 51-54.

Pizarnik, Alejandra: «Humor y poesía en un libro de Cortázar *(Historias de cronopios y de famas)*», *Revista Nacional de Cultura*, núm. 160 (septiembre-octubre, 1963), 77-82.

Sarduy, Severo: «Del Ying al Yang», *Mundo Nuevo*, núm. 13 (julio, 1967), 10-12.

Sebrelli, Juan José: *Buenos Aires, vida cotidiana y alienación*. Buenos Aires, 1964.

Schmucler, Héctor N.: «*Rayuela*: Juicio a la literatura», *Pasado y Presente*, Año III, núm. 9 (abril-septiembre, 1965), 29-45.

ALGUNAS DE LAS OBRAS LEIDAS O CONSULTADAS

BARRET, William: *Irrational Man. A Study in Existential Philosophy.* New York: Doubleday and Company, Inc., 1958.
— *What is Existentialism?* New York: Grove Press, Inc., 1965.
BERDYAEV, Nicolás: *The Destiny of Man.* Trad. Nataile Duddington. London: Geoffrey Bles, Ltd., 1937.
BOUSOÑO, Carlos: *Teoría de la expresión poética.* 4.ª edición muy aum. Madrid: Editorial Gredos, S. A., 1966.
BREISACH, Ernest: *Introduction to Modern Existentialism.* New York: Grove Press, Inc., 1962.
BROWN, Stephen J.: *The World of Imagery: Metaphor and Kindred Imagery.* New York: Russell and Russell, 1966.
CAMUS, Albert: *Le Mythe de Sisyphe.* París: Gallimard, 1942.
— *The Myth of Sisyphus.* Trad. Justin O'Brien. New York: Vintage Books, 1960.
CRUICKSHANK, John: *Albert Camus and the Literature of Revolt.* New York: Galaxy Books, 1960.
DOSTOEVSKY, Fyodor: *Notes from Underground.* Trad. Constance Garnett. Intr. Ernest J. Simmons. New York: Dell Publishing Co., Inc.
FLETCHER, Angus: *Allegory, the Theory of a Symbolic Mode.* Ithaca, New York, 1965.
FORSTER, E. M.: *Aspects of the Novel.* New York, 1927.
HARPER, Ralph: *Existentialism - A Theory of Man.* Massachusetts: Harvard University Press, 1948.
HORNSTEIN, Lillian H.: «Analysis of Imagery: A Critique of Literary Method», *PMLA,* Vol. LVII (1942), 638-53.
JOLIVET, Régis: *Le Problème de la Mort chez Heidegger et Sartre.* París: Editions de Fontenelle, 1950.
KAUFFMANN, Walter: *Existentialism from Dostoevsky to Sartre.* Clevelland, Ohio: The World Publishing Company, 1962.
KIERKEGAARD, Soren: *Fear and Trembling-The Sickness Unto Death.* New York: Doubleday and Company, Inc., 1954.
LUKÁCS, Georg: *Realism in Our Time, Literature And the Class Struggle.* New York, 1964.
MALLEA, Eduardo: *Poderío de la novela.* Buenos Aires: Aguilar, 1965.

MARCEL, Gabriel: *Homo Viator: Introduction to a Metaphysic of Hope*. Trad. Emma Craufurd. Chicago: Henry Regnery Co., 1951.

MURRAY TURBAYNE, Colin: *The Myth of Metaphor*. New Haven and London: Yale University Press, 1963.

ORTEGA Y GASSET, José: *Meditaciones sobre el Quijote*, en *Obras Completas*. 2.ª edición. Madrid: Espasa-Calpe, 1936.

PASCAL, Blaise: *Pensées*. 9.ª ed. Intr. y notas por León Brunschvicg. París: Librairie Hachette et Cie., 1904.

PAZ, Octavio: *El laberinto de la soledad*. 2.ª ed. rev. y aum. México: Fondo de Cultura Económica, 1959.

RINTELEN, Joachim von: *Beyond Existentialism*. Trad. Hilda Graff. London: George Allen and Unwin, Ltd., 1961.

ROUBICZEK, Paul: *Existentialism - For and Against*. Cambridge: Cambridge University Press, 1964.

SÁBATO, Ernesto: *El escritor y sus fantasmas*. Buenos Aires: Aguilar, 1963.

SARTRE, Jean-Paul: *L'Être et le Néant*. París: Librairie Gallimard, 1949.

— *Existentialism*. Trad. Bernard Frechtaman. New York: Philosophical Library, 1947.

TILLICH, Paul: *The Courage to Be*. New Haven: Yale University Press, 1952.

TOLSTOY, Leo: *The Death of Ivan Ilych*. Trad. Aylemer, Maude y J. D. Duff. New York: The New American Library of World Literature, Inc.

ULLMAN, Stephen: *Style in the French Novel*. Chapter VI: «The Image in the Modern Novel». Cambridge, 1957.

UNAMUNO, Miguel de: *Del sentimiento trágico de la vida*. Buenos Aires: Editorial Losada, S. A.

WAEHLENS, Alphonse de: *La Philosophie de Martin Heidegger*. Louvain: Editions de l'Institut Supérieur de Philosophie, s. f.

WELLEK, René, and WARREN, Agustin: *Theory of Literature*. Capítulo XV: «Image, Metaphor, Symbol, Myth». New York: Harcourt, Brace and Company.

WHITE, Ellen G.: *The Desire of Ages*. 14.ª ed. Trad. al francés y al español. Mountain View, California: Pacific Press Publishing Association, 1947.

WILD, John: *The Challenge of Existentialism*. Bloomington: Indiana University, 1959.

WILSON, Colin: *Introduction to the New Existentialism*. Boston: Houghton Mifflin Company, 1967.

DATE DUE